国际人才吸引力
指数报告（2017）

2017 Report of International Talent (Rencai)
Attractiveness Index

高子平 / 主编

上海社会科学院出版社
SHANGHAI ACADEMY OF SOCIAL SCIENCES PRESS

目　录

引言 ··· 001

一、国际人才吸引力评价的基本状况 ······························ 005
（一）全球人力资本指数报告 ·· 006
（二）全球人才指数报告 ··· 007
（三）全球人才竞争力指数报告 ···································· 009
（四）全球领导力与人才指数报告 ································· 011

二、国际人才吸引力评价的主要对象 ······························ 016
（一）主权国家及发展概况 ·· 016
（二）区域创新中心及发展概况 ···································· 018

三、国际人才吸引力评价的指标体系 ······························ 020
（一）国际人才吸引力评价指标设定原则 ······················· 020
（二）主权国家国际人才吸引力评价指标及数据源 ········· 021
　　1. 政治稳定性 ··· 025
　　2. 国家开放度 ··· 026

3. 社会治理水平 ……………………………………… 027

4. 经济发展态势 ……………………………………… 027

5. 科技创新能力 ……………………………………… 028

6. 人才发展状况 ……………………………………… 028

7. 日常生活环境 ……………………………………… 030

8. 精神文化环境 ……………………………………… 030

(三) 区域创新中心国际人才吸引力评价指标及数据源

……………………………………………………………… 030

1. 城市治理 …………………………………………… 033

2. 经济发展 …………………………………………… 033

3. 区域定位 …………………………………………… 033

4. 科技创新 …………………………………………… 034

5. 人才状况 …………………………………………… 034

6. 生活环境 …………………………………………… 034

(四) 国际人才吸引力的测算方法 ……………………… 035

四、国际人才吸引力排名及解读 …………………………… 036

(一) 主权国家国际人才吸引力指数排名 ……………… 036

1. 总体排名解读 ……………………………………… 036

2. 分指标解读 ………………………………………… 039

3. 中国吸引国际人才的优势与劣势 ………………… 047

(二) 区域创新中心国际人才吸引力指数排名 ………… 051

1. 总体排名解读 ……………………………………… 051

2. 分指标解读 ·· 056
　　3. 上海吸引国际人才的优势与劣势 ······················ 062

五、站在更高的历史起点上 ··· 065
（一）全球人才流向与流量变化的内在驱动究竟是什么
··· 065
（二）中国究竟是如何改变在国际人才市场上长期被动地位的 ·· 067
（三）人才发展究竟路在何方 ······························· 069

引　言

在中西方经济—科技发展的不同历史阶段,倚重的资源禀赋存有较大差异。其中,自然资源、人力资源、人才(Talent;Rencai)资源兼具时间上的继起性与空间上的并存性,并因特定的宏观经济条件而不时调整位次。因此,能否适时并适度调整三者之间的排序,为现代经济—科技的持续增长与轮番升级注入活力并增强动力,恰恰成为评价现代政府治理能力的重要维度。冷战的终结为全球市场化进程拓宽了道路,跨国公司成为真正意义上的全球化进程的主要载体,并因其产业层级及全球布局需要而使人才资源超越了自然资源与人力资源,首次成为全球范围内广泛认同的第一资源。跨国公司的布局成为直接影响国际人才流向的重要变量。相应地,能否吸引并留住跨国公司,这就成了衡量国际人才市场地位的重要标志。但国际人才市场体系的金字塔结构并未发生根本性的改变,很多新兴的发展中国家只能一边哀怨"人才流失",

一边借助各种优惠甚至超国民待遇从国外吸引人才，尤其是存有族裔关联的人才。

随着云计算、物联网、大数据、人工智能的兴起，一个崭新的时代已经到来，平台经济、共享经济、微经济三位一体，构成了不同于以往的新经济形态，ICT产业及其技术的深度应用、制造业的精准化与智能化成为新兴产业发展的核心。可以预见，在即将到来的人工智能时代，只有不被人工智能所替代的劳动力才是人才，人力资源在新经济形态中的地位将会持续下降，自然资源更是如此。事实上，产业发展如今对人才，尤其国际人才的需求已经发生了深刻变化。高度富集并高效流转的个体数据重塑了人才的价值体系，基于平台指向的柔性集聚重构了人才与产业之间的耦合关系，国际人才的流动与集聚呈现出一系列的新特征、新态势，如虚拟集聚、离岸集聚、就地（属地化）集聚、短期流动、跨国办公等。相应地，国际人才市场开始从等级体系向非匀质分布的网络体系转化。全球城市开始取代跨国公司，成为新一轮全球化进程的主要驱动及国际人才资源配置的基本节点，并通过汇集各类职业社交平台赢取国际人才数据权及辐射力，有效增强自身的人才流量调控能力。

> **提示**：随着人工智能时代的到来，只有不被人工智能所替代的劳动力才是人才。思想性、理想性与想象性是未来人才形态的基本内涵。

就中国而言,自改革开放以来,中国通过多种途径和方式,从国外吸引和集聚各类优秀人才,不仅大大缓解了一度面临的人才断层局面,而且持续推动了人才结构的全面优化与人才质量的稳步提升,进而促进了国家整体创新能力的提高。毋庸置疑,海外人才引进成为中国和平崛起的重要秘笈之一。采取积极措施吸引或留置海外人才是世界主要发达国家和新兴发展中国家壮大本国人才队伍的通行做法,也是在较短时间内突破技术瓶颈、提升科研水平的一条宝贵经验。早在 2008 年 12 月,中央办公厅转发《中央人才工作协调小组关于实施海外高层次人才引进计划的意见》,"千人计划"付诸实施,成为我国目前最高层次的海外人才引进计划。截至 2016 年年底,"千人计划"已分 10 批共引进了 4 180 余名高层次创新创业人才。入选者主体来自美国、英国、德国、日本、加拿大等科教发达国家的知名高校、科研机构和跨国企业。其中很多人,或者研究水平居于国际前沿,或者掌握转化和产业化成熟度较高的科技成果、自主专利,或者具有丰富的跨国企业经营管理经验,或者是 40 岁以下青年中的拔尖人才,有成为学术或技术带头人的发展潜力。在国内高校和科研机构引进的人才中,有诺贝尔奖获得者 3 名、发达国家科学院或工程院院士 46 名、正教授 1 430 余名,引进的正教授的数量远远超过 1978—2008 年 30 年间引进数量的总和。在"千人计划"带动下,各省份也先后实施地方引才计划。如北京"海聚工程"、江苏"双创计划"、浙江"省级千人计划"等,与教育部"长江学者计划"、中科院"百人计划"等部委引才计划一起,形成了多层次、多渠道、相互衔接的引才格局。

(人数：万人)

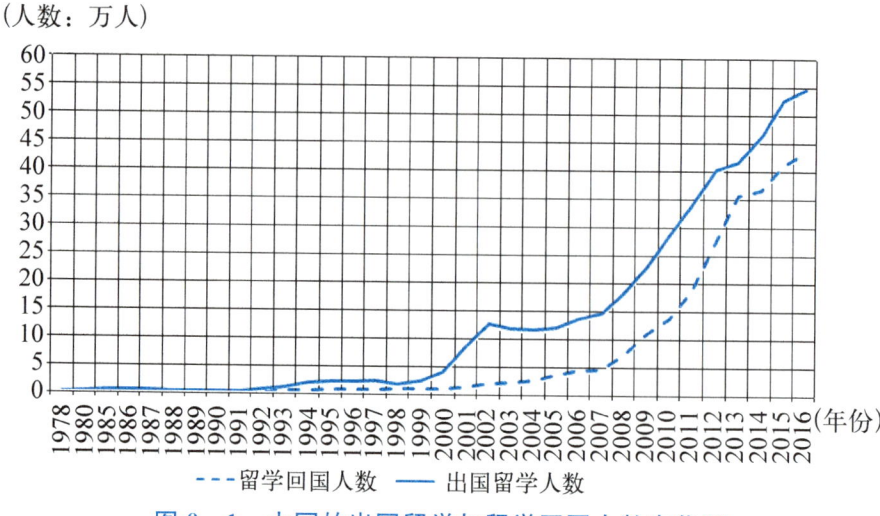

图 0-1　中国的出国留学与留学回国人数变化图

近年来,"进出规模渐趋均衡、引进质量稳步提高"的趋势日渐显著,中国已经进入了国际人才的"常态化流动周期",理当跳出西方 Brain Drain 研究范式的窠臼,探索国际人才流动的中国概念、中国话语与中国方案,借此形成引领全球人才流动的中国范式。这就需要基于前所未有的道路自信、理论自信、制度自信与文化自信,敞开国门对照彼此,解放思想对标国际,探寻人才吸引力的内在机理与形成机制,形成一整套客观公正、通俗易懂的指标体系,为各界重新认识国际人才市场行情、准确把握全球人才流向提供评价标准或者依据。

提示：中国开始进入了国际人才的"常态化流动周期",进出规模渐趋均衡、引进质量稳步提高将成为"新常态"。

一、国际人才吸引力评价的基本状况

随着新经济形态对全球产业格局的影响不断加深,人才资源在国际范围内的重新布局不可避免,国际人才市场格局必将重塑,但如何衡量与评价这一态势,各国学界与业界见仁见智。

迄今为止,国际知名的人才评价指标体系主要包括以下四项(表1-1):

表1-1 西方现有的人才评价指标体系

名　称	发　布　机　构	初始发布时间(年)	发布频率(年/次)
全球人力资本指数	世界经济论坛	2013	2
全球人才指数	英国经济学人情报部、海德思哲国际咨询有限公司	2011	5

续 表

名 称	发 布 机 构	初始发布时间(年)	发布频率(年/次)
全球人才竞争力指数	英士国际商学院、新加坡人力资本领导能力研究院、人力资源公司德科集团	2013	1
全球领导力与人才指数	波士顿咨询公司	2015	2

（一）全球人力资本指数报告

世界经济论坛（World Economic Forum，WEF）于2013年首次发布了《全球人力资本报告》（以下简称《报告》），提出了全球人力资本指数（Human Capital Index，HCI），该《报告》每2年发布一次。《报告》通过"人力资本指数"对全球各经济体进行评估，旨在帮助各国评估政策和投资在教育和技能领域里所产生的成果，并针对帮助劳动力满足未来全球经济发展的需要提供指导建议。《报告》从四个维度对各国人力资本利用状况进行衡量：人力资本能力，主要关注劳动力的受教育程度；人力资本配置，即能力的积累与应用程度；人力资本开发，对新型劳动力的培养投入；专业技能水平，即现有劳动力技能的广度与深度。同时，《报告》将研究人口划分为五个年龄层，分别为：0—14岁、15—24岁、25—54岁、55—64岁、65岁及以上。

在2013年《报告》涉及的122个国家中,全球人力资本指数排名情况为瑞士居首,芬兰第2,新加坡第3,第4到第10位分别为荷兰、瑞典、德国、挪威、英国、丹麦和加拿大,日本第15,美国第16,也门排在最末。

在金砖国家中,全球人力资本指数排名为中国第43,俄罗斯第51,巴西第57,印度第78,南非第86。中国排在最前面,主要得益于低失业率和劳动力较高的技能水平,但在保健措施、法制完善程度和劳动力接受高等教育方面尚有不足。《报告》指出,欧洲各国人力资本开发有明显的地域性差异,南欧和东欧表现不及北欧和西欧。美国人力资本的强项包括劳动人口有活力、对人才有吸引力、有创新潜力以及高等教育质量高,弱项则包括较高的非传染性疾病患病率和较低的心理健康水平。

《报告》指出,劳动人口的生产力与技能是影响一国经济长期发展的决定性因素,远胜于其他任何资源。世界经济论坛创始人兼执行主席克劳斯·施瓦布认为,人力资本将是未来发展最重要的资本,对人的投资不但是善举,更是实现社会增长、繁荣和进步的必要之举。

(二) 全球人才指数报告

英国《经济学人》情报部(Economist Intelligence Unit,EIU)与海德思哲国际咨询有限公司(Heidrick & Struggles)于2011年发

布《全球人才指数报告：2015展望》(Global Talent Index Report：The Outlook to 2015,GTI)(以下简称《报告》)，提出了全球人才指数(Global Talent Index)。《报告》利用《经济学人》情报部开发的一套指标体系对60个国家的吸引和留住人才的能力进行了排名；同时，还通过对全球441名企业执行人进行问卷调查，测度了他们对企业招聘前景所持的观点。

人才始终是国家和商业领域长期竞争力的重要组成部分。如何发展、吸引和留住人才是政策制定者、商界领袖可预测的未来事务中的关键。《报告》从两个维度对全球人才趋势进行评估：一是在国际层面上对60个国家的人才环境指数(2011—2015)进行测度，其中测度指标共7个，分别是人口趋势、义务教育、大学教育、劳动力的质量、人才环境、开放性、吸引人才的倾向；二是在企业层面上，从企业执行人员的角度讨论企业需要如何吸引和留住人才。

美国位列全球人才指数2011年和2015年的榜首。美国在2011年和2015年的表现均比第二位的国家高出将近10分。美国最大的优势来自其大学的卓越性。几乎每三所美国大学中就有一所是世界排名前500的大学，这些大学为知识经济的发展输送着具有良好素质的人才。同样为美国的领先地位作出贡献的是其高质量的劳动力大军。美国劳动力具有很好的适应性和创新精神。由精英管理的、不受劳工法律或薪资规则约束的环境，解放了人才并鼓励他们进一步发展。

北欧、亚太发达国家和地区位列全球人才指数前10名。丹麦、芬兰和挪威在2011年和2015年排行榜中均位列前5名，瑞典在2015年的排位顺序中也进入了前5名。从整体上来看,北欧各国政府对教育的高投入能够说明其位居前列的原因。此外,北欧劳动人口在语言方面以及在专业技能方面的优势也非常强大。

中国在《全球人才指数报告》中的排名优于其他金砖国家。在《报告》的排名中,中国在2011年的排名是第33位,2015年上升到第31位,分数提高了5分,是2015年分数提高幅度最大的国家。一个重要贡献源于中国越来越愿意接受外国员工,使外国员工进入了中国的劳动力市场,弥补了正在迫近的中国本土青年人口减少的问题。

总之,《报告》的基本立场是:发达、富裕的经济体和西式民主的政策系统是人才兴旺以及脱颖而出的关键。在人口增长方面,西欧最弱,但它在人才指数中的排名还是与北美一道远远地超过了发展中地区。尽管人口趋势支撑了中东和非洲,但是它们的总体表现在区域排名中却落在了最后。

(三) 全球人才竞争力指数报告

英士国际商学院(European Institute of Business Administration, INSEAD)、新加坡人力资本领导能力研究院(Human Capital Leadership Institute, HCLI)和人力资源公司德科集团(Adecco Group Human Resources Company)自2013年起每年发布《全球人才竞争力指数报告》,提出了全球人才竞争力指数(Global

Talent Competitiveness Index，GTCI）。2017年1月发布了《2017全球人才竞争力指数报告》（简称《2017报告》），就技术的进步与全球化的深入对未来工作岗位、工作状态的影响作了分析。

未来人才需要有足够的灵活性适应新形势。《2017报告》指出，由于科技的进步，未来2亿岗位可能消失，但技术同时也在创造新的机遇。以德国为例，到2035年德国范围内预计将消失60万个工作机会，这一规模接近两个西门子公司。同时，由于科技和全球化的进一步发展将衍生出90万个新的岗位需要有人来填补。这就对人才的能力提出新的要求。《2017报告》提出，在未来的职场中，专业技能、适应性和合作精神是成功的关键。Adecco集团CEO Alain Dehaze表示："自动化和人工智能的快速发展将对我们的工作与生活产生巨大冲击。这种冲击可能会带来一些负面影响，政府和企业必须严正以待。教育系统的改革迫在眉睫，我们需要向年轻人传授符合社会发展大环境的知识与技能。每一个职场人都应该记住，在这个剧变的时代，只有不断学习，才能保持并提升自己的就业能力。同时，更贴近求职者需求的就业政策也极为关键。"

人才的竞争中，中国的吸引力有待提高。为了进一步探究哪些城市对优秀人才更具吸引力，《2017报告》推出了全球城市人才竞争力指数（Global Cities Talent Competitiveness Index）。在被纳入统计的118个国家中，中国排在第54位，较2016年下滑了6位。科技带来的改变往往最早出现在经济更发达的地区，因此发达国家的人才竞争力往往更强。调查结果显示，瑞士、新加坡和英国分列2017年全球人才竞争力指数排行榜的前3位。美国(第4位)、澳大利亚(第6位)、加拿大(第13位)、新西兰(第14位)、德国(第17位)、日本(第22位)等发达国家也排名靠前。

因此,拥有较高人才竞争力的国家具有一些共性,比如适应经济发展的教育系统、更灵活的就业政策、更紧密的政企合作等。

(四) 全球领导力与人才指数报告

波士顿咨询公司(Boston Consulting Group,BCG)于2015年发布《全球领导力与人才指数报告》(简称《领导力与人才报告》),提出了全球领导力与人才指数(Global Leadership and Talent Index,GLTI)。《领导力与人才报告》把领导力和人才管理的能力细化为20项具体指标,并把这些指标划分为6大类。基于首席执行官对公司完成这20项指标情况的评估,波士顿咨询按领导力和人才管理能力的差异把公司分为6类。由此,研究形成了"全球领导力和人才指数"。这一指数率先采用定量的方法对一家公司在领导力和人才管理方面的表现进行评估。

全球领导力与人才指数包含20个问题,将公司在领导力和人才管理方面的能力分为6个水平等级。它不但能系统性地帮助公司提高相关能力水平等级,更能量化出能力提高带来的财务收益。领导力和人才管理能力划分为六大类:第一,人才战略。根据公司的战略和目标,对领导力和人才需求进行长期和短期规划。第二，领导力和人才建模。根据公司的战略和文化，对领导力能力进行清晰的定义，并将这些标准注入公司人才选拔、发展、晋升和激励流程中。第三，人才发掘。在内部和外部寻找领袖和人才，在细分人才市场建立良好的雇主品牌，有效地管理和培养岗位接班人。第四，人才发展。为员工提供精心设计的发展机会、培训和需要的工具，系统地培养员工。第五，员工敬业度。在公司范围内采取任人唯贤和员工激励的措施，特别是在领导者和高级人才团队。第六，文化。遵守企业核心价值观，要求最高管理者对领导力和人才管理工作负责。

《领导力与人才报告》对1 260多家企业进行的调查显示，位于前5%的企业被称为"人才磁铁"，位于最后5%的企业被称为"人才滞后企业"，领导力与人才管理能力较强企业的收入和利润的增长速度分别是领导力与人才管理能力较弱的企业的2.2倍和1.5倍。此项调查结果量化了企业通过提升领导力与人才管理能力可获得的业绩回报。波士顿咨询公司通过开展此项调查，开发出独一无二的波士顿咨询公司全球领导力与人才指数（GLTI）。该指数能够帮助企业精确评估自身的领导力与人才管理能力，并为企业制定详细的路线图，以实现改进与提升。同时，该指数还能量化企业在提升领导力与人才管理能力的过程中在收入和利润方面获得的回报。研究表明：三项指标与公司业绩有很强的相关性，这三项指标分别是把领导力转化为具体可操作方案的能力、是否投入大量时间用以提升领导力和人才管理能力以及领导是否重视人才发展。

波士顿咨询公司联席董事 Mukund Rajagopalan 指出,在表现最强的企业中,管理者积极参与发展领导力与人才管理能力的活动之中。每年他们花在此类活动上的时间多达 25 天。这些企业虽然拥有强大的人力资源部门,但他们同样认识到仅靠人力资源部门的力量无法打造出强有力的领导者和强大的人才队伍。

可见,国际人才评价的话语权依然掌握在西方手中,然而,上述评价报告是旨在反映传统工业经济时代的全球人才流动特点,还是洞悉未来新经济形态下的跨国人才流动趋势?这些评价指标的选择只是反映了欧美文化习性与价值偏好,还是得到了全球范围内的普遍认可与自觉遵循?评价结果只是再一次彰显了西方曾有的总体优势与(纯粹心理上的)优越感,还是为后来者的开疆辟土提供了建设性的参考意见与建议?遗憾的是,包括金砖国家在内,新兴经济体以前难以置喙,如今则保持了过多的沉默。这反映了传统世界经济格局在思想层面的深远影响,中国等新兴经济体显然为这种大可不必的沉默付出了代价,甚至依然踯躅于挥之不去的"人才流失"的两难困境(Paradox)之中:既然难以阻挡人才外流,为何要打开国门;既然打开国门,为何要埋怨西方?既然期盼公平竞争,为何要通过特殊政策吸引国外人才;既然通过特殊政策吸引国外人才,为何致力于营造公平竞争的市场环境?包括中国在内,大批新兴经济体的现实逻辑与学理逻辑相悖,以至于在国际人才流动领域长期失语。无论如何,在金砖国家,而不是欧美国家对世界经济增长的贡献超过一半的全新历史背景下,在新兴经济体,而不是西方发达国家更倾向于实行开放开明的移民政策的舆论氛围中,在北太平洋两岸,而不是北大西洋两岸日渐主导全球技术移民走势的历史进程中,国际人才话语权的分配与人才吸引力评价标准的设定必须立足全球、面向未来,包含新的竞争者。

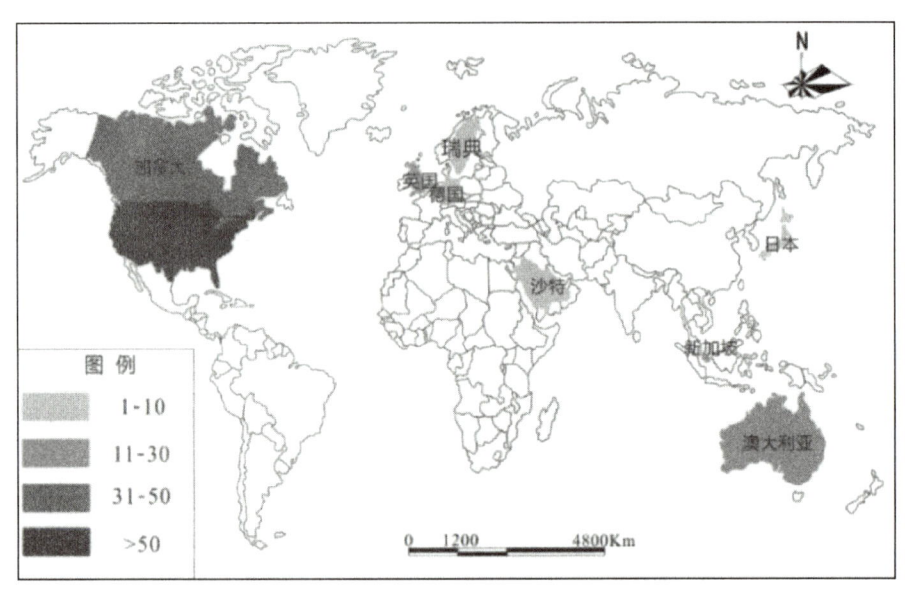

图 1-1 海外华人科学家空间分布总图

《国际人才吸引力指数报告》由上海社会科学院"海外人才研究"团队编制,与上海浦东科创促进中心联合发布。这是继 Human Capital Index(HCI)、Global Talent Index(GTI)、Global Talent Competitiveness Index(GTCI)、Global Leadership and Talent Index(GLTI)之后推出的第五份《国际人才吸引力指数报告》,也是中国本土学者发布的第一份《国际人才吸引力指数报告》,旨在依据自身的国家利益诉求与全球历史走势研判而形成的一个综合性分析框架,拟基于中国的和平崛起大局及其在国际人才流动中的全新位势,尤其基于北京、上海、深圳、天津、重庆、杭州、南京、武汉、西安等城市建设科技创新中心的战略部署与宏大愿景,从主权国家层面和区域创新层面进行国际人才吸引力的比较研究与排名发布,以求彰显"海纳百川"的博大胸怀,凸显"对标国际"的宽广视野,达致引领全球人才流动的终极追求。

> **提示**:这是中国本土学者发布的第一份《国际人才吸引力指数报告》,旨在依据自身的国家利益诉求与全球历史走势研判而形成一个综合性分析框架。

二、国际人才吸引力评价的主要对象

主权国家是国际交往中的第一行为体,全球城市成为新一轮全球化进程的主要载体,只有兼顾两个层面的人才引进与集聚状况,才能对特定区域的人才吸引力形成全景式认识,同时对人才吸引力的空间分布走势有所掌握。因此,本《报告》从主权国家和区域创新中心两个层面进行指数测算与吸引力排名。选择评价对象的主要依据是相关主权国家或者区域创新中心在经济发展、科技创新、人才集聚等方面的综合性表现、影响力及发展前景。

(一) 主权国家及发展概况

选择的 45 个主权国家包括:中国(包括港澳台地区)、美国、加拿大、墨西哥、澳大利亚、新西兰、巴西、阿根廷、俄罗斯、德国、乌克兰、波兰、丹麦、荷兰、比利时、瑞士、挪威、芬兰、瑞典、英国、爱尔兰、法国、西班牙、葡萄牙、意大利、南非、尼日利亚、尼日尔、埃及、以色列、土耳其、伊朗、沙特阿拉伯、新加坡、马来西亚、菲律宾、印度尼西亚、越南、泰国、韩国、日本、哈萨克斯坦、印度、巴基斯坦、孟加拉。

从经济发展指标来看，上述45个主权国家经济发展总量、发展潜力均表现较好。2016年，全球排名前十的国家分别为美国、中国、日本、德国、英国、法国、印度、意大利、巴西、加拿大。其中，美国排名第一，2016年经济总量达18万亿美元，人均GDP为5.46万美元，美国在全球范围内的经济增速较慢，但在发达国家中增速位于前列；中国排名第二，2016年经济总量已达11万亿美元，是全世界发展速度最快的国家之一；日本排名第三，2016年经济总量约为5万亿美元；德国排名第四，2016年经济总量为3.5万亿美元，经济增速高于美、英、法等国；英国排名第五，2016年经济总量为2.6万亿美元；法国排名第六，2016年经济总量为2.5万亿美元；印度排名第七，2016年经济总量为2.3万亿美元；意大利排名第八，2016年经济总量为1.9万亿美元；巴西排名第九，2016年经济总量为1.8万亿美元；加拿大排名第十，2016年经济总量为1.5万亿美元。

从科技创新指标来看，45个主权国家的科技创新能力和潜力均较高。中国科学技术发展战略研究院2017年发布的《国家创新指数报告（2016—2017）》显示，当前美日欧引领全球创新的格局基本稳定，根据国家创新指数评价结果的比较分析发现，综合指数排名前15的国家主要为欧美发达经济体,分别是美国、日本、瑞士、韩国、丹麦、瑞典、德国、荷兰、新加坡、英国、芬兰、法国、以色列、奥地利和挪威;第16—30位为其他发达国家和少数新兴经济体,属于第二集团,中国已处于这一集团的领先位置;而第三集团的国家多为发展中国家。

从人才集聚指标来看,45个主权国家均是人才荟聚或者人才发展潜力较大的国家。因此,选取上述45个主权国家作为评价对象具有较强的典型性,为未来更好地吸引高端人才集聚提供借鉴,具有重大意义。

(二)区域创新中心及发展概况

拟选择的创新中心(73个):中国北京(中关村)、中国上海(张江)、中国深圳特区、中国台湾省(新竹)、中国香港特区、中国武汉(东湖)、中国杭州,美国旧金山—圣何塞、美国洛杉矶、美国纽约、美国华盛顿、美国芝加哥、美国波士顿、美国西雅图、美国费城、美国罗利—达勒姆,加拿大多伦多、加拿大蒙特利尔、加拿大温哥华,墨西哥墨西哥城,奥地利维也纳,韩国首尔、韩国大德,日本东京、日本筑波、日本京都、日本大阪,新加坡,瑞士,德国柏林、德国慕尼黑、德国汉堡、德国斯图加特、德国法兰克福、德国莱比锡,英国伦敦、英国曼彻斯特,法国巴黎、法国里昂,荷兰阿姆斯特丹,丹麦哥本哈根,比利时布鲁塞尔,俄罗斯圣彼得堡、俄罗斯莫斯科,澳大利亚悉尼、澳大利亚墨尔本,新西兰奥克兰,印度孟买、印度新德里、印度班加罗尔、印度金奈、印度海得拉巴、印度加尔各答,芬兰赫尔辛基,瑞典斯德哥尔摩,挪威奥斯陆,巴西圣保罗、巴西里约热内卢,马来西亚吉隆坡,印度尼西亚雅加达,泰国曼谷,菲律宾马尼拉,越南胡志明市,阿联酋迪拜,以色列特拉维夫、以色列海法,土耳其伊斯坦布尔、土耳其安卡拉,伊朗德黑兰,南非约翰内斯堡,埃及开罗,尼日利亚拉各斯,肯尼亚内罗毕。

上述 73 个城市在全球创新能力较强或具有较高的创新潜力。澳大利亚墨尔本一家咨询公司 2thinknow 于 2017 年 2 月发布了全球创新城市指数(Innovation Cities Index,ICI),这也是该公司连续第 10 年发布全球创新城市指数排行榜,该评价系统分为三大类和 162 项指标,其中三大类分别为文化资产(包括体育运动、自然条件和艺术等)、人文基础设施(包括交通运输初创公司、教育和健康等)、具有网络的市场(包括位置、军事以及利用市场的便利程度等),据此衡量并评估一个城市促进和培育创新的潜力。该咨询公司将城市分成 4 个不同的层级:顶级城市称为核心(Nexus)、第二层级为枢纽(Hub)、第三层级是节点(Node)、最低一级为起步(Upstart)。根据创新指数排行榜,伦敦、纽约、东京、旧金山、波士顿、洛杉矶、新加坡、多伦多、巴黎、维也纳等位列全球前 10 名,中国有 4 个城市进入前 100 名:北京第 30 名、上海第 32 名、香港第 35 名、台北第 72 名。

三、国际人才吸引力评价的指标体系

（一）国际人才吸引力评价指标设定原则

本指标体系在设定过程中坚持以下原则：

第一，权威性。借鉴了目前较为权威的人才发展评价指数相关指标，并结合国家和区域创新中心实际，构建了较权威的指标评价体系。

第二，综合性。综合政治、社会、文化、生态等多个方面，全方位地对国际人才吸引力进行评价。

第三，创新性。面向国家和区域创新中心，并且强调着眼于未来发展潜力视角对国际人才吸引力开展评价。

第四，实用性。对于国家和区域创新发展，具有重要参考价值、推广和可复制价值。

(二) 主权国家国际人才吸引力评价指标及数据源

本团队综合考量了该领域的既有经验、业界共识及新兴经济体的成长需求,在总结归纳已有研究的基础上,对已有评价指标体系中的指标进行梳理,本报告从政治稳定性、国家开放度、社会治理水平、经济发展态势、科技创新能力、人才发展状况、日常生活环境、精神文化环境 8 个维度着手,系统评价主权国家的国际人才吸引力 8 个维度之间的内在逻辑机理,详见图 3-1。

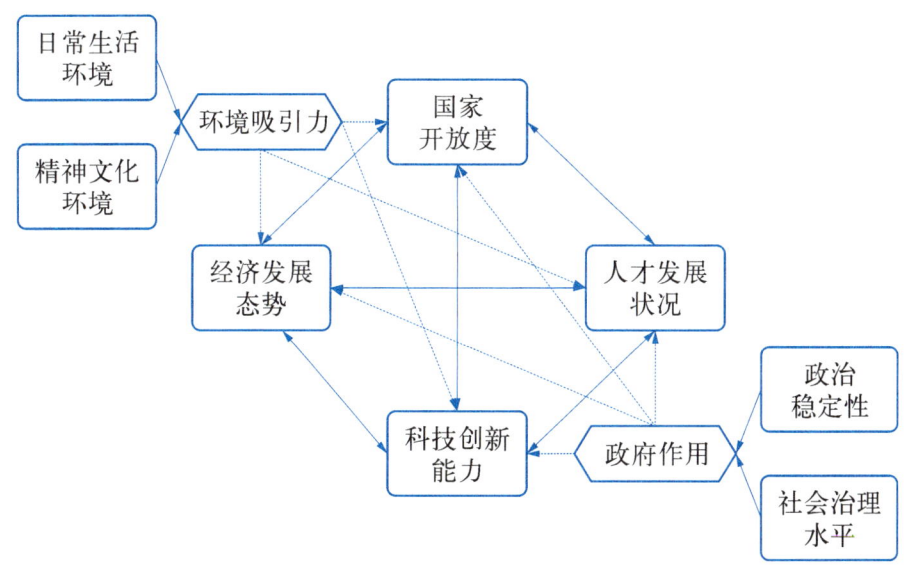

图 3-1 主权国家国际人才吸引力钻石图

根据每一个维度的常见评价视角及重点,并结合数据源的公正性与可获取性,最终确立了三级指标体系,并确定了权重分配,如表 3-1 所示。

表 3-1 主权国家国际人才吸引力评价指标与权重分配

一级指标	二级指标（权重）	三级指标（权重）	数 据 源
政治稳定性	内部安全与稳定(0.012)	近三年是否发生非正常政权更替事件(0.002)	公开报道
		近三年是否发生国内暴力革命或战争(0.002)	
		国家治安水平(0.008)	搜狐网发布的《全球各国犯罪与安全指数排行榜》
	外部安全与稳定(0.006)	目前是否卷入大规模对外战争(0.003)	公开报道
		目前是否面临大规模外敌入侵压力(0.003)	
	国际债务水平(0.005)	政府外债占 GDP 比重(0.005)	https://zh.tradingeconomics.com
国家开放度	国际经济融入(0.071)	拥有世界 500 强企业数(0.071)	美国《财富》杂志发布的《世界 500 强排行榜》
	国际事务参与(0.014)	政府支持及参与全球事务(0.014)	英国波特兰公关公司(Portland PR)发布的年度研究报告
社会治理水平	维持清正廉洁(0.019)	清廉生活程度(0.019)	"透明国际"发布的《全球清廉生活指数报告》
	缩小贫富差距(0.008)	基尼系数(0.008)	http://data.worldbank.org.cn

续 表

一级指标	二级指标（权重）	三级指标（权重）	数 据 源
社会治理水平	提供社会保障(0.038)	社会保险覆盖率(0.033)	http://www.ccerdata.cn（中国成本管控网）
		失业率(0.005)	http://data.worldbank.org.cn
经济发展态势	发展战略规划(0.010)	有无国家级产业规划(0.003)	各国国民经济统计年鉴
		有无国家级人才规划(0.004)	
		有无国家级的可持续发展规划(0.003)	
	经济发展层级(0.049)	人均GDP所属阶梯(0.016)	http://data.worldbank.org.cn
		进出口贸易增速所属阶梯(0.033)	
	经济发展前景(0.009)	制造业发展能力(0.009)	https://zh.tradingeconomics.com
科技创新能力	创新活力(0.026)	创新投入综合水平(0.012)	世界知识产权组织（WIPO）发布的《全球创新指数发展报告》
		创新产出综合水平(0.014)	
	创新实力(0.163)	研发和技术人员总数(0.055)	http://data.worldbank.org.cn
		研发支出占GDP比重(0.019)	
		每万人发表论文数(0.031)	WIPO专利数据库
		每万人居民专利申请(0.058)	
	信息化水平(0.048)	每百万人拥有互联网服务器数目(0.035)	http://data.worldbank.org.cn
		产业和技术创新水平（信息化）(0.013)	中国互联网络信息中心(CNNIC)发布的《国家信息化发展评价报告》

续表

一级指标	二级指标（权重）	三级指标（权重）	数 据 源
科技创新能力	创新潜力（0.066）	应对人工智能、大数据等新一轮科技革命的政策措施（0.053）	公开信息
		研究前沿核心论文数排名（0.013）	Thomson Reuters 与中科院文献情报中心联合发布的年度《研究前沿》
人才发展状况	国内教育水平（0.140）	具有高等教育水平的劳动力占总人口的比重（0.010）	http://data.worldbank.org.cn
		成人识字率（0.005）	
		教育支出占 GDP 比重（0.009）	
		世界知名高校数量（0.072）	QS、ARWU、THU 或 US News 排名（前 100 名）
		高等教育发展水平（0.044）	http://data.worldbank.org.cn
	产业人才队伍建设（0.007）	产业人才竞争力（0.007）	中国社会科学院编制的《中国人才制度分析报告》
	人才流动状况（0.106）	国内劳动力市场规制（0.011）	Fraser Institute 发布的 Economic Freedom of the World
		资金与人口流动限制（0.012）	
		出国留学的自主性（0.042）	上海社会科学院信息研究所的"海外人才大数据平台"
		人才入境的便捷性（0.041）	
	全球知名科学家排名（0.089）	全球高被引科学家规模（0.089）	Thomson Reuters 每年公布的 Highly Cited Researchers 名单

续 表

一级指标	二级指标（权重）	三级指标（权重）	数 据 源
日常生活环境	生态环境(0.017)	人类可持续发展水平(0.004)	联合国发布的《人类发展指数报告》
		生态文明建设程度(0.013)	北京林业大学、社会科学文献出版社联合发布的"生态文明绿皮书"
	医疗保健水平(0.019)	出生时预期寿命(0.007)	http://data.worldbank.org.cn
		每千人卫生技术服务人员数量(0.012)	
	生活成本(0.013)	恩格尔系数排名(0.013)	
	生活感受(0.010)	生活幸福感(0.010)	联合国发布的《全球幸福指数发展报告》
精神文化环境	国民精神(0.040)	年工作时间排名(0.010)	北京师范大学发布的《中国劳动力市场报告》
		国民创业精神(0.030)	The Global Entrepreneurship and Development Institute 发布的《全球创业精神发展指数(GEDI)报告》
	文化氛围(0.014)	文体教育等软实力全球排名(0.014)	英国波特兰公关公司(Portland PR)的年度研究报告

1. 政治稳定性

在西方政治学理论界，权威代表学者亨廷顿在 20 世纪 60 年代末出版的《变革社会中的政治秩序》一书中系统阐述了政治稳定理论。关于政治稳定性,有四种观点具有代表性:第一种观点认为,政治稳定主要是国家政治生活中的秩序性和继承性;第二种观点认为,政治稳定是指面临社会环境系统种种变化和压力的政治体系,在内外一系列调整机制的调节下,维系其存在状态和发展过程的有机统一的结构功能有序性;第三种观点认为,政治稳定是指一个国家在一定历史时期内政治体系中各个部分、各个层次之间保持相对协调和平衡,社会呈现一种有序的运作和发展状态;第四种观点认为,政治稳定是一个多重意义上的综合概念,包括国家根本制度的稳固,国家大政方针上的相对连续性、一贯性,利益群体之间无根本性冲突和明显对抗,社会生活、社会治安正常有序。总体来看,政治稳定性应包括以下 4 点,即政治系统的连续性、国家政治生活的秩序性、政治局势的可控性、社会政治心理的稳定性;具体来看,主要包括内部安全与稳定、外部安全与稳定、国际债务水平三个方面。其中,"内部安全与稳定"通过近 3 年是否发生非正常政权更替事件、近 3 年是否发生国内暴力革命或战争、国家治安水平(犯罪率)三个指标测度;"外部安全与稳定"通过目前是否卷入大规模对外战争、目前是否面临大规模外敌入侵压力两个指标测度;"国际债务水平"通过政府负债占 GDP 比重(%)测度。

2. 国家开放度

对外开放度是指一个国家或地区经济对外开放的程度。开放度即为一国经济的对外开放程序,它有名义开放度与实际开放度之分,是衡量一国经济对外开放规模和水平的重要指标,反映在对外交易的各个方面。通常,对外开放首先是从商品市场开始,即相对稳定的外贸进出口。因此,国际上一般选择外贸依存度作为开放度的评估和衡量指标。但本报告主要评判一个国家人才吸引的潜力,故采用国际经济融入、国际事务参与两个方面的指标进行评价。其中,"国际经济融入"主要通过拥有世界500强企业数进行测度;"国际事务参与"通过政府支持及参与全球事务指标进行测度。

3. 社会治理水平

在社会领域中,从个人到公共或私人机构等各种多元主体,对与其利益攸关的社会事务,通过互动和协调而采取一致行动,其目标是维持社会的正常运行和满足个人和社会的基本需要。社会治理必须强调动态性、多元化、互动性,主要包括维持清正廉洁、缩小贫富差距、提供社会保障三个方面。其中,"维持清正廉洁"通过清廉生活程度进行测度;"缩小贫富差距"通过基尼系数测度;"提供社会保障"通过社会保险覆盖率和失业率测度。

4. 经济发展态势

经济发展态势主要用于评判一个国家的未来经济发展潜力和前景,主要包括发展战略规划、经济发展层级、经济发展前景三个方面。其中,"发展战略规划"通过有无制定国家级的产业战略规划、人才战略规划与可持续发展规划三个指标测度;"经济发展层级"通过人均GDP和进出口贸易增速在全球所属阶梯两个指标测度;"经济发展前景"主要通过制造业发展能力(制造业 PMI 指数)进行测度。

5. 科技创新能力

科技创新是原创性科学研究和技术创新的总称,是指创造和应用新知识和新技术、新工艺,采用新的生产方式和经营管理模式,开发新产品、提高产品质量、提供新服务的过程。科技创新可分为三种类型:知识创新、技术创新和现代科技引领科技创新的管理创新。科技创新涉及政府、企业、科研院所、高等院校、国际组织、中介服务机构、社会公众等多个主体,包括人才、资金、科技基础、知识产权、制度建设、创新氛围等多个要素,是各创新主体、创新要素交互复杂作用下的一种复杂涌现现象,是一类开放的复杂而巨大的系统,包括创新活力、创新实力、信息化水平、创新潜力 4 个方面。其中,"创新活力"通过创新投入综合水平和创新产出综合水平两个指标测度;"创新实力"通过研发人员和技术人员总数、研发支出占 GDP 比重(%)、每万人发表论文数、每万人居民专利申请数 4 个指标测度;"信息化水平"通过每百万人拥有互联网服务器数目、产业和技术创新水平(信息化)两个指标测算;"创新潜力"通过应对大数据、人工智能等新一轮科技革命的重要举措、研究前沿核心论文数排名两个指标测度。

6. 人才发展状况

人才发展一般归入人才管理(Talent Management)。人才管理的主要作用是帮助组织发挥长期优势，为组织持续提供关键人才。人才管理工作主要包括关键岗位人才的招募、识别、发展、管理和留任，以及国内教育水平、产业人才队伍建设、人才流动状况、全球知名科学家排名4个方面。其中，"国内教育水平"通过具有高等教育水平的劳动力占总人口的比重、成人识字率、教育支出占GDP比重、世界知名高校数量、高等教育发展水平5个指标测度；"产业人才队伍建设"通过产业人才竞争力水平测度；"人才流动状况"通过国内劳动力市场规制、资金与人口流动限制（从市场自由度方面评价人才制度以及人才环境是否足够灵活、宽松和自由）、出国留学的自主性、人才入境的便捷性测度；"全球知名科学家排名"通过全球高被引科学家（Highly Cited Researchers）的规模测度。

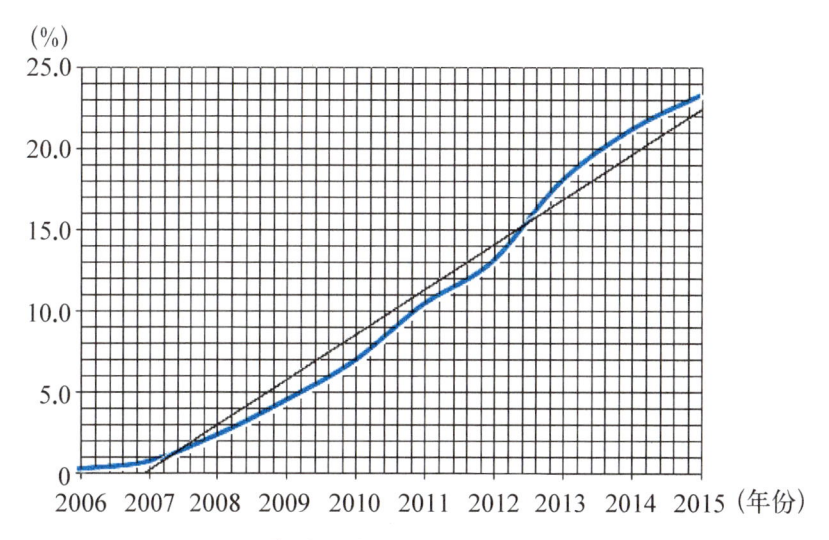

图 3-2　海外华人科技人才 SCI 学术论文的被引频次年度分布："脑科学"领域

7. 日常生活环境

生活环境是指与人类生活密切相关的各种自然条件和社会条件的总体,它由自然环境和社会环境中的物质环境所组成,包括生态环境、医疗保健水平、生活成本、生活感受4个方面。其中,"生态环境"通过人类可持续发展水平和生态文明建设程度两个指标测度;"医疗保健水平"通过预期寿命和每千人卫生技术服务人员数量两个指标测度;"生活成本"通过恩格尔系数测度;"生活感受"通过生活幸福感测度。

8. 精神文化环境

文化环境是指相互交往的文化群体凭以从事文化创造、文化传播及其他文化活动的背景和条件,包括国民精神和文化氛围两个方面。其中,"国民精神"通过年工作时间排名和国民创业精神两个指标测度;"文化氛围"主要通过文体实力予以展现。

(三) 区域创新中心国际人才吸引力评价指标及数据源

拟从城市治理、经济发展、区域定位、科技创新、人才状况、生活环境6个维度开展区域创新中心国际人才吸引力指数评价。6个维度在人才吸引力形成中扮演的角色与发挥的作用各异,相互之间的逻辑关系如图3-3所示。

三、国际人才吸引力评价的指标体系 031

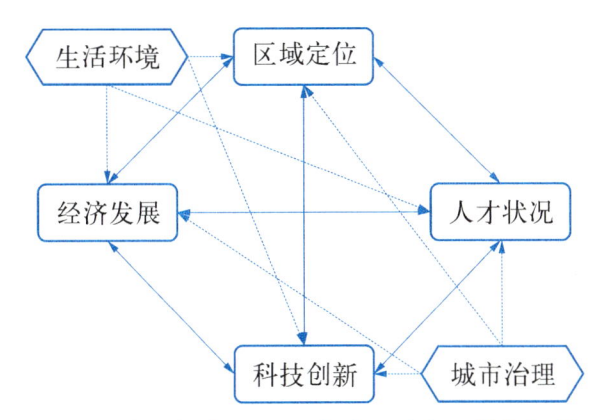

图 3-3　区域创新中心国际人才吸引力评价指标钻石图

本研究团队依据上述 6 个维度的基本内涵，构建了国际人才吸引力指标体系，并设定了权重，如表 3-2 所示。

表 3-2　区域创新中心国际人才吸引力评价指标与权重分配

一级指标	二级指标（权重）	三级指标（权重）	数　据　源
城市治理	缩小贫富差距（0.011）	基尼系数（0.011）	http://data.worldbank.org.cn
	提供社会保障（0.056）	社会保险覆盖率（0.056）	http://www.ccerdata.cn（中国成本管控网）
	智慧城市建设（0.023）	全球智慧城市排名（0.023）	上海社会科学院每年发布的《全球智慧城市排名报告》
经济发展	产业层级（0.118）	人均 GDP 在全国所属阶梯（0.037）	http://data.worldbank.org.cn
		进出口贸易在全国所属阶梯（0.081）	
	经济发展前景（0.005）	近两年制造业发展水平（0.005）	https://zh.tradingeconomics.com

续 表

一级指标	二级指标（权重）	三级指标（权重）	数据源
区域定位	经济发展地位（0.115）	区域生产总值占全国比重（0.115）	http://data.worldbank.org.cn
	科技战略定位（0.072）	是否属于国家级科技创新中心（0.072）	
科技创新	创新活力（0.031）	创新投入综合水平（0.015）	世界知识产权组织（WIPO）发布的《全球创新指数发展报告》
		创新产出综合水平（0.016）	
	创新实力（0.322）	研发人员与技术人员规模（0.106）	http://data.worldbank.org.cn
		研发支出占GDP比重（0.026）	
		每万人发表论文数（0.057）	世界知识产权组织（WIPO）的专利数据库
		每万人居民专利申请数（0.123）	
人才状况	人才比例（0.023）	具有高等教育水平的劳动力占市民总数的比重（0.023）	
	教育发展水平（0.122）	成人识字率（0.013）	http://data.worldbank.org.cn
		教育支出占城市GDP比重（0.015）	
		高等教育发展水平（0.094）	

续表

一级指标	二级指标（权重）	三级指标（权重）	数 据 源
生活环境	医疗保健水平（0.034）	预期寿命（0.007） 每千人卫生技术服务人员数量（0.027）	http://data.worldbank.org.cn
	生活成本（0.056）	恩格尔系数排名（0.056)	
	生活感受（0.020）	生活幸福感（0.020）	联合国发布的《全球幸福指数发展报告》

1. 城市治理

城市治理包括缩小贫富差距、提供社会保障、建设智慧城市三个方面。其中，"缩小贫富差距"通过基尼系数指标测度；"提供社会保障"通过社会保险覆盖率指标测度；"建设智慧城市"通过全球智慧城市排名指标测度。

2. 经济发展

经济发展包括产业层级和经济发展前景两个方面。其中，"产业层级"通过人均GDP在全国所属阶梯、进出口贸易规模在全国所属阶梯测度；"经济发展前景"通过制造业发展能力（制造业PMI指数）测度。

3. 区域定位

区域定位包括经济发展地位和科技战略定位两个方面。其中,"经济发展地位"可通过区域生产总值占全国比重(%)指标进行测度;"科技战略定位"可通过是否属于国家级的科技创新中心指标进行测度。

4. 科技创新

科技创新包括创新活力和创新实力两个方面。其中,"创新活力"通过创新投入综合水平、创新产出综合水平两个指标测度;"创新实力"通过研发人员和技术人员总数、研发支出占 GDP 比重(%)、每万人发表论文数、每万居民专利申请数四个指标测度。

5. 人才状况

人才状况包括人才比例和教育发展水平两个方面。其中,"人才比例"通过具有高等教育水平的劳动力占市民总数的比重测度;"教育发展水平"通过成人识字率、教育支出占城市 GDP 比重、高等教育水平三个指标测度。

6. 生活环境

生活环境包括医疗保健水平、生活成本、生活感受三个方面。其中,"医疗保健水平"通过出生时预期寿命和每千人卫生技术服务人员数量两个指标测度;"生活成本"通过恩格尔系数测度;"生活感受"通过生活幸福感测度。

（四）国际人才吸引力的测算方法

首先，分别构建 45 个主权国家和 48 项测评指标、73 个区域创新中心和 22 项测评指标的原始指标数据矩阵。

设有 m 个国家或城市，n 项测评指标，则原始指标数据矩阵为：

$$X=(x_{ij})_{m\times n}(i=1,2,\cdots,m;j=1,2,\cdots,n)$$

式中，x_{ij} 为第 i 个国家或城市 j 项指标。

其次，采用极差法对矩阵数据进行标准化处理，标准化后的数据介于 0—1 之间。

再次，计算第 i 个主权国家或区域创新中心的国际人才吸引力水平。计算公式为：

$$GT_i=\sum_{j=1}^{n}W_j X_{ij}$$

其中，W_j 为第 j 项评价指标的权重，权重采用熵值法进行计算，X_{ij} 为第 i 个主权国家或区域创新中心的第 j 项指标，n 代表指标的项数，GT_i 值越大，表明第 i 个主权国家或区域创新中心的国际人才吸引力越强。

四、国际人才吸引力排名及解读

（一）主权国家国际人才吸引力指数排名

1. 总体排名解读

根据综合计算结果，形成了 2017 年主权国家国际人才吸引力指数排行榜（表 4-1）。从表中可以看出，美国、日本、瑞士、英国、德国、韩国、瑞典、中国、澳大利亚、法国占据主权国家国际人才吸引力指数排行榜前十名；菲律宾、哈萨克斯坦、越南、伊朗、孟加拉、南非、埃及、尼日利亚、尼日尔、巴基斯坦则位列主权国家国际人才吸引力指数排行榜后十名。

表 4-1　2017 年主权国家国际人才吸引力指数排行榜

国　家	吸引力指数	排名	国　家	吸引力指数	排名
美　国	0.767	1	马来西亚	0.251	24
日　本	0.501	2	泰　国	0.246	25
瑞　士	0.488	3	印度尼西亚	0.194	26
英　国	0.480	4	葡萄牙	0.191	27
德　国	0.476	5	波　兰	0.186	28
韩　国	0.462	6	乌克兰	0.174	29
瑞　典	0.449	7	沙特阿拉伯	0.170	30
中　国	0.437	8	巴　西	0.170	30
澳大利亚	0.432	9	土耳其	0.162	32
法　国	0.425	10	印　度	0.159	33
荷　兰	0.418	11	墨西哥	0.158	34
新加坡	0.413	12	阿根廷	0.156	35
加拿大	0.404	13	菲律宾	0.156	35
以色列	0.394	14	哈萨克斯坦	0.154	37
新西兰	0.393	15	越　南	0.145	38
爱尔兰	0.337	16	伊　朗	0.141	39
俄罗斯	0.322	17	孟加拉	0.132	40
丹　麦	0.305	18	南　非	0.132	40
芬　兰	0.301	19	埃　及	0.129	42
挪　威	0.299	20	尼日利亚	0.118	43
意大利	0.294	21	尼日尔	0.114	44
西班牙	0.261	22	巴基斯坦	0.114	44
比利时	0.258	23			

由表4-1可见,各个主权国家的国际人才吸引力相差悬殊。借助于自然断裂点的方法进行分层后发现,主权国家国际人才吸引力指数的自然断裂点分别为0.6、0.4、0.3和0.2,据此可分为5个层次:

第一层次:国际人才吸引力非常高(吸引力指数≥0.6)

这一层次只包括美国一个国家,美国的国际人才吸引力指数为0.767,且遥遥领先于位列第二位的日本(0.501)。美国在国家开放度、科技创新、人才发展维度均位列主权国家首位,展示出良好的人才发展环境和人才吸引能力。

第二层次:国际人才吸引力较高(0.6＞吸引力指数≥0.4)

这一层次包括日本、瑞士、英国、德国、韩国、瑞典、中国、澳大利亚、法国、荷兰、新加坡、加拿大12个国家,国际人才吸引力指数介于0.4—0.6,分别为0.501、0.488、0.480、0.476、0.462、0.449、0.437、0.432、0.425、0.418、0.413、0.404,位列45个主权国家中的第2—13名,表现出较高的国际人才吸引能力。其中,中国作为发展中国家的典型代表,在政治稳定性、国家开放度、科技创新、人才发展等维度表现突出,位居前列。

第三层次:国际人才吸引力中等(0.4＞吸引力指数≥0.3)

这一层次包括以色列、新西兰、爱尔兰、俄罗斯、丹麦、芬兰6个国家,国际人才吸引力指数介于0.3—0.4,分别为0.394、0.393、0.337、0.322、0.305、0.301,位列45个主权国家中的第14—19名,国际人才吸引力处于中等水平。综合而言,6个国家在政治稳定性、社会治理、生活环境和精神文化生活等维度表现较好。

第四层次：国际人才吸引力略低(0.3＞吸引力指数≥0.2)

这一层次包括挪威、意大利、西班牙、比利时、马来西亚、泰国6个国家，国际人才吸引力指数介于0.2—0.3，分别为0.299、0.294、0.261、0.258、0.251、0.246，位列45个主权国家中的第20—25名，国际人才吸引力处于相对较低水平。综合而言，6个国家除了在经济发展和社会治理维度处于中等水平之外，其余维度的国际人才吸引力均偏低。

第五层次：国际人才吸引力比较低(吸引力指数＜0.2)

这一层次包括印度尼西亚、葡萄牙、波兰、乌克兰、沙特阿拉伯、巴西、土耳其、印度、墨西哥、阿根廷、菲律宾、哈萨克斯坦、越南、伊朗、孟加拉、南非、埃及、尼日利亚、尼日尔、巴基斯坦20个国家，国际人才吸引力指数均小于0.2，分别为0.194、0.191、0.186、0.174、0.170、0.170、0.162、0.159、0.158、0.156、0.156、0.154、0.145、0.141、0.132、0.132、0.129、0.118、0.114、0.114，位列45个主权国家的第26—45名，国际人才吸引力处于非常低的水平。综合而言，这些国家在创新实力、人才流动、社会保障等维度严重落后于其他国家，吸引国际人才的能力比较弱。

2. 分指标解读

从政治稳定性指标来看，排名前10名的国家分别为沙特阿拉伯、丹麦、俄国、瑞典、新加坡、挪威、芬兰、中国、波兰、以色列，这些国家排名靠前主要得益于较低的犯罪率和较少的政府外债，降低了其社会风险;排名后 10 名的国家分别为越南、阿根廷、美国、巴基斯坦、意大利、埃及、尼日利亚、马来西亚、巴西、南非,这些国家政治风险过高,与多年居高不下的犯罪率、政府负债累累密不可分(表 4 - 2)。

表 4 - 2　2017 年主权国家政治稳定性指标数值排行榜

国　家	政治稳定性	排名	国　家	政治稳定性	排名
沙特阿拉伯	0.011 6	1	越　南	0.006 8	36
丹　麦	0.011 1	2	阿根廷	0.006 7	37
俄　国	0.011 0	3	美　国	0.006 7	37
瑞　典	0.011 0	3	巴基斯坦	0.006 6	39
新加坡	0.010 7	5	意大利	0.006 5	40
挪　威	0.010 6	6	埃　及	0.006 2	41
芬　兰	0.010 2	7	尼日利亚	0.005 4	42
中　国	0.010 1	8	马来西亚	0.005 4	42
波　兰	0.010 0	9	巴　西	0.004 7	44
以色列	0.009 9	10	南　非	0.004 3	45

从国家开放度指标来看,排名前 10 名的国家分别为美国、中国、日本、印度、法国、德国、印度尼西亚、英国、越南、韩国,这些国家排名靠前主要因为拥有世界 500 强企业数及企业带来的经济效益较大,同时还得益于所在国家政府支持及参与全球事务的意愿和实力较高;排名后 10 名的国家分别为加拿大、新加坡、爱尔兰、比利时、澳大利亚、葡萄牙、挪威、丹麦、瑞典、芬兰,这些国家的世界 500 强企业数、参与全球事务实力仍需进一步提升(表 4 - 3)。

表 4-3　2017 年主权国家国家开放度指标数值排行榜

国　家	国家开放度	排名	国　家	国家开放度	排名
美　国	0.071 0	1	加拿大	0.006 7	36
中　国	0.065 8	2	新加坡	0.006 6	37
日　本	0.029 2	3	爱尔兰	0.006 4	38
印　度	0.017 1	4	比利时	0.005 8	39
法　国	0.016 5	5	澳大利亚	0.005 6	40
德　国	0.015 4	6	葡萄牙	0.005 6	40
印度尼西亚	0.014 2	7	挪　威	0.004 4	42
英　国	0.014 1	8	丹　麦	0.003 9	43
越　南	0.014 0	9	瑞　典	0.003 8	44
韩　国	0.013 8	10	芬　兰	0.003 6	45

从社会治理水平指标来看，排名前 10 名的国家分别为瑞士、荷兰、丹麦、芬兰、日本、瑞典、挪威、英国、爱尔兰、法国，这些国家排名靠前主要因为财富分配相对较均匀，且社会保险覆盖率较高、失业率较低；排名后 10 名的国家分别为墨西哥、哈萨克斯坦、菲律宾、俄国、乌克兰、巴西、阿根廷、南非、尼日利亚、伊朗，这些国家的失业率较高、社会保险覆盖率仍需进一步提升（表 4-4）。

表 4-4　2017 年主权国家社会治理水平指标数值排行榜

国　家	社会治理水平	排名	国　家	社会治理水平	排名
瑞　士	0.061 1	1	芬　兰	0.048 0	4
荷　兰	0.056 4	2	日　本	0.047 3	5
丹　麦	0.053 5	3	瑞　典	0.046 6	6

续 表

国　家	社会治理水平	排名	国　家	社会治理水平	排名
挪　威	0.046 4	7	俄　国	0.010 0	39
英　国	0.042 3	8	乌克兰	0.010 0	39
爱尔兰	0.042 1	9	巴　西	0.009 8	41
法　国	0.040 7	10	阿根廷	0.009 2	42
墨西哥	0.010 3	36	南　非	0.009 1	43
哈萨克斯坦	0.010 2	37	尼日利亚	0.008 3	44
菲律宾	0.010 2	37	伊　朗	0.006 9	45

从经济发展态势指标来看，排名前10名的国家分别为美国、中国、德国、新加坡、荷兰、日本、法国、瑞士、英国、加拿大，这些国家排名靠前主要因为制造业发展能力较强，且人均GDP和进出口总额发展趋势良好；排名后10名的国家分别为尼日利亚、乌克兰、南非、阿根廷、哈萨克斯坦、埃及、伊朗、孟加拉、巴基斯坦、尼日尔，这些国家的经济发展条件较差，制造业能力不强，且人均收入不高，也没有制定较完备的国家级长远战略规划（表4-5）。

表4-5　2017年主权国家经济发展态势指标数值排行榜

国　家	经济发展态势	排名	国　家	经济发展态势	排名
美　国	0.056 3	1	荷　兰	0.036 3	5
中　国	0.050 0	2	日　本	0.034 1	6
德　国	0.047 5	3	法　国	0.033 1	7
新加坡	0.036 6	4	瑞　士	0.032 8	8

续表

国　家	经济发展态势	排名	国　家	经济发展态势	排名
英　国	0.032 6	9	哈萨克斯坦	0.016 2	40
加拿大	0.031 1	10	埃　及	0.015 6	41
尼日利亚	0.017 3	36	伊　朗	0.013 7	42
乌克兰	0.017 0	37	孟加拉	0.013 3	43
南　非	0.016 7	38	巴基斯坦	0.011 7	44
阿根廷	0.016 2	39	尼日尔	0.010 3	45

从科技创新能力指标来看，排名前10名的国家分别为韩国、美国、日本、瑞士、中国、德国、瑞典、英国、加拿大、新加坡，这些国家排名靠前主要因为研发支出占GDP比重普遍较高，创新产出中的专利产出量、产业和技术创新水平较高，且在应对大数据、人工智能等新一轮科技革命方面已有较好的实施方案；排名后10名的国家分别为哈萨克斯坦、泰国、南非、越南、埃及、印度尼西亚、伊朗、巴基斯坦、尼日尔、尼日利亚，这些国家的综合创新投入水平普遍不高，且产业和技术创新水平偏低，这些都严重制约了国家科技创新能力的提升（表4-6）。

表4-6　2017年主权国家科技创新能力指标数值排行榜

国　家	科技创新能力	排名	国　家	科技创新能力	排名
韩　国	0.209 0	1	瑞　士	0.169 1	4
美　国	0.204 2	2	中　国	0.161 1	5
日　本	0.194 4	3	德　国	0.155 2	6

续表

国　家	科技创新能力	排名	国　家	科技创新能力	排名
瑞　典	0.152 3	7	越　南	0.021 7	39
英　国	0.145 8	8	埃　及	0.020 8	40
加拿大	0.134 2	9	印度尼西亚	0.020 2	41
新加坡	0.133 6	10	伊　朗	0.018 8	42
哈萨克斯坦	0.024 6	36	巴基斯坦	0.015 6	43
泰　国	0.024 1	37	尼日尔	0.014 2	44
南　非	0.023 7	38	尼日利亚	0.013 7	45

从人才发展状况指标来看，排名前10名的国家分别为美国、英国、中国、日本、澳大利亚、德国、法国、荷兰、加拿大、韩国，这些国家排名靠前主要因为教育支出高、高等教育发展水平高、具有高等教育水平的劳动力占总数的比重高等优势；排名后10名的国家分别为菲律宾、葡萄牙、巴基斯坦、埃及、土耳其、南非、尼日尔、尼日利亚、孟加拉、沙特阿拉伯，这些国家的高等教育水平不高、产业人才竞争力不强，不利于人才的长远发展（表4－7）。

表4－7　2017年主权国家人才发展状况指标数值排行榜

国　家	人才发展状况	排名	国　家	人才发展状况	排名
美　国	0.321 1	1	澳大利亚	0.137 8	5
英　国	0.173 5	2	德　国	0.136 7	6
中　国	0.160 4	3	法　国	0.130 5	7
日　本	0.138 8	4	荷　兰	0.130 3	8

四、国际人才吸引力排名及解读

国　家	人才发展状况	排名	国　家	人才发展状况	排名
加拿大	0.128 0	9	土耳其	0.025 8	40
韩　国	0.124 4	10	南　非	0.024 7	41
菲律宾	0.031 3	36	尼日尔	0.023 8	42
葡萄牙	0.030 7	37	尼日利亚	0.022 7	43
巴基斯坦	0.027 6	38	孟加拉	0.021 8	44
埃　及	0.026 5	39	沙特阿拉伯	0.020 9	45

从日常生活环境指标来看，排名前10名的国家分别为瑞士、挪威、瑞典、西班牙、新西兰、芬兰、德国、意大利、澳大利亚、丹麦，这些国家排名靠前主要因为生态保护程度较高、每千人卫生技术服务人员数量较多、恩格尔系数排名靠前，且所在国家居民的幸福感较强；排名后10名的国家分别为埃及、尼日利亚、孟加拉、越南、中国、南非、伊朗、巴基斯坦、尼日尔、印度，这些国家的生态环境保护、生活成本、幸福感等还有待进一步提升（表4-8）。

表4-8　2017年主权国家日常生活环境指标数值排行榜

国　家	日常生活环境	排名	国　家	日常生活环境	排名
瑞　士	0.053 0	1	芬　兰	0.047 2	6
挪　威	0.051 4	2	德　国	0.046 6	7
瑞　典	0.050 9	3	意大利	0.046 5	8
西班牙	0.049 9	4	澳大利亚	0.046 2	9
新西兰	0.049 6	5	丹　麦	0.045 6	10

续 表

国　家	日常生活环境	排名	国　家	日常生活环境	排名
埃　及	0.021 1	36	南　非	0.016 7	41
尼日利亚	0.018 8	37	伊　朗	0.016 2	42
孟加拉	0.018 3	38	巴基斯坦	0.015 0	43
越　南	0.017 4	39	尼日尔	0.014 4	44
中　国	0.017 2	40	印　度	0.013 5	45

从精神文化环境指标来看，排名前 10 名的国家分别为新加坡、澳大利亚、美国、丹麦、以色列、比利时、瑞典、芬兰、荷兰、瑞士，这些国家排名靠前主要因为国民富有创业精神，且文体实力较强；排名后 10 名的国家分别为韩国、中国、日本、墨西哥、波兰、加拿大、意大利、西班牙、俄国、葡萄牙，这些国家的居民年工作时间排名较后，且国民缺乏创业精神（表 4－9）。

表 4－9　2017 年主权国家精神文化环境指标数值排行榜

国　家	精神文化环境	排名	国　家	精神文化环境	排名
新加坡	0.036 3	1	荷　兰	0.030 9	9
澳大利亚	0.033 6	2	瑞　士	0.030 3	10
美　国	0.033 2	3	韩　国	0.015 7	36
丹　麦	0.032 9	4	中　国	0.015 0	37
以色列	0.032 6	5	日　本	0.014 4	38
比利时	0.032 3	6	墨西哥	0.014 2	39
瑞　典	0.032 3	6	波　兰	0.012 7	40
芬　兰	0.031 5	8	加拿大	0.011 0	41

续 表

国　　家	精神文化环境	排名	国　　家	精神文化环境	排名
意大利	0.010 6	42	俄 国	0.010 0	43
西班牙	0.010 0	43	葡萄牙	0.009 6	45

3. 中国吸引国际人才的优势与劣势

综上可知,相较于前4个国际人才发展报告,中国国际人才的吸引力排名总体靠前,主要优势在于政治稳定性、国家开放度、经济发展态势、科技创新能力、人才发展状况等方面表现较好,劣势在于社会治理水平、日常生活环境和精神文化环境还有待进一步提升。

(1) 优势

从中国近年来的发展现状也不难发现,中国对国际人才吸引力明显提升,未来还有进一步提升的空间。

从政治稳定性来看,中国的政治稳定在全球排在前列,且中国的治安水平较高,已成为全世界最安全的国家,凭着政治稳定、社会安全,中国的政治环境和社会环境对国际人才的吸引力逐年递增;

从国家开放度来看,自1978年党的十一届三中全会开始实行对内改革、对外开放的政策以来,我国走上了经济快速发展的道路,社会经济取得了举世瞩目的成就,成为世界上经济发展速度最快的国家,改革开放至今40年,其无疑已成为中国最为重要的战略；

从经济发展态势来看，中国的 GDP 2016 年为 74.4 万亿元，而 1978 年为 0.36 万亿元，38 年间增长了 204 倍，中国将在 2050 年建成富强民主文明和谐美丽的社会主义现代化强国，未来经济发展态势较好；

从科技创新能力来看，党的十八大以来，中国政府把创新摆在国家发展全局的核心位置，高度重视科技创新，在实施创新驱动发展战略上取得了显著成就，科技进步对经济增长的贡献率从 2012 年的 52.2% 提高到 2016 年的 56.2%，有力推动了产业转型升级，为经济社会发展提供了有力支撑，吸引了更多的创新型人才进驻中国；

从人才发展状况来看，以日本为例，据《日本经济新闻》网站报道，近 40 年里，日本的顶尖技术人才正在流失，随着越来越多的中国科技企业的崛起和壮大，机电等行业的顶尖人才需求量快速增长，而相较日本企业，中国企业给予日本人才的待遇更加丰厚、更为慷慨，因此，更多的日本顶尖人才流入中国、韩国等亚洲国家。

(2) 劣势

中国对国际人才吸引的弊端主要在于社会治理水平、日常生活环境和精神文化环境吸引力较差。

从社会治理水平来看，中国经过近 40 年的增长，取得了非常巨大的成就，堪称世界经济发展史上的奇迹。但中国也面临着社会分化和收入差异，社会的不平等严重制约了可持续发展。具体而言，第一，中国目前的收入和财产不平等状况日趋严重。"中国民生发展报告"丛书是基于北京大学中国家庭追踪调查(China Family Panel Studies,CFPS)撰写的系列专题报告,以全国25个省份160个区县的14 960个家庭为基线样本,探讨民生问题状况、差异、原因和社会机制。该报告指出,近40年来,中国居民收入基尼系数从20世纪80年代初的0.3左右上升到2016年的0.45以上。而据CFPS2012资料估算,2012年,全国居民收入基尼系数约为0.49,大大超出0.4的警戒线。财产不平等的程度更加严重。估算结果显示,中国家庭财产基尼系数从1995年的0.45扩大到2012年的0.73。顶端1%的家庭占有全国约1/3的财产,底端25%的家庭拥有的财产总量仅在1%左右。第二,除了收入和财产上的不平等之外,不同人群在教育机会、健康保障等方面的差异也非常明显。《中国民生发展报告2015》显示,20世纪60年代出生的人群教育不平等程度最低,此后不平等程度不断上升,80年代出生的人群教育不平等程度达到历史最高。在医疗保障上,中国的社会保险覆盖率还未能完全覆盖,造成不同群体的巨大差异。

　　从日常生活环境来看,中国面临着房价飙升、食品安全等诸多问题,其中人居生活的生态环境污染问题严重影响了国际人才的迁入。2016年12月初,《国务院关于印发"十三五"生态环境保护规划的通知》指出,我国污染物排放量大面广,环境污染重。一是环境污染多样化、严重化。我国化学需氧量、二氧化硫等主要污染物排放量仍然处于2 000万吨左右/年的高位,环境承载能力超过或接近上限。78.4%的城市空气质量未达标,公众反映强烈的重度及以上污染天数比例占3.2%,部分地区冬季空气重污染频发、高发。饮用水水源安全保障水平亟须提升,排污布局与水环境承载能力不匹配,城市建成区黑臭水体大量存在,湖库富营养化问题依然突出,部分流域水体污染依然较重。全国土壤点位超标率16.1%、耕地土壤点位超标率19.4%,工矿废弃地土壤污染问题突出。城乡环境公共服务差距大,治理和改善任务艰巨。二是山水林田湖缺乏统筹保护,生态损害大。中度以上生态脆弱区域占全国陆地国土面积的55%,荒漠化和石漠化土地占国土面积近20%。森林系统低质化、森林结构纯林化、生态功能低效化、自然景观人工化趋势加剧,每年违法违规侵占林地约200万亩,全国森林单位面积蓄积量只有全球平均水平的78%。全国草原生态总体恶化局面尚未根本扭转,中度和重度退化草原面积仍占1/3以上,已恢复的草原生态系统较为脆弱。全国湿地面积近年来每年减少约510万亩,900多种脊椎动物、3 700多种高等植物生存受到威胁。资源过度开发利用导致生态破坏问题突出,生态空间不断被蚕食侵占,一些地区生态资源破坏严重,系统保护难度加大。三是产业结构和布局不合理,生态环境风险高。我国是化学品生产和消费大国,有毒有害污染物种类不断增加,环境风险企业数量庞大、近水靠城,危险化学品安全事故导致的环境污染事件频发。突发环境事件呈现原因复杂、污染物质多样、影响地域敏感、影响范围扩大的趋势。过去10年,年均发生森林火灾7 600多起,森林病虫害发生面积1.75亿亩以上。近年来,年均截获有害生物达100万批次,动植物传染及检疫有害生物从国境口岸传入风险高。

从精神文化环境来看,特别是我国国民创业精神和创新创业成功率还不高。2017年9月,标准排名城市研究院和优客工场联合发布了由腾讯研究院等提供大数据支持的《2017中国创新创业报告》(简称《报告》),指出与2015年的爆发式增长相比,2016年移动互联的双创活动逐渐回归理性。投资者更为审慎,创业者更为小心,全年与移动互联相关的创新创业活动呈现理性推进的状态。在整体市场趋于平静的背景下,这场"双创运动"在国内的轨迹也由2015年的全面开花,转而向人力资源丰富、市场成熟且容量更大的一二线城市集中。《报告》同时发布了"2017中国大陆最宜创业城市排行榜50强"。从最宜创业城市的总分来看,2017年总分在20分以上的城市仅15个,相比2015年近25个城市有明显下降。

(二) 区域创新中心国际人才吸引力指数排名

1. 总体排名解读

根据综合计算结果,形成了"2017年区域创新中心国际人才吸引力指数排行榜"(表4-10)。从表中可以看出,美国纽约、日本东京、瑞士、新加坡、瑞典斯德哥尔摩、奥地利维也纳、韩国首尔、丹麦哥本哈根、中国北京(中关村)、日本京都占据"2017年区域创新中心国际人才吸引力指数排行榜"前10名;越南胡志明市、印度尼西亚雅加达、俄罗斯圣彼得堡、土耳其安卡拉、南非约翰内斯堡、巴西圣保罗、印度加尔各答、印度新德里、印度海得拉巴、印度金奈则位列"2017 年区域创新中心国际人才吸引力指数排行榜"后 10 名。总体来看，区域创新中心国际人才吸引力呈现出发达国家城市高、欠发达国家城市低、新兴经济体国家城市潜力高的态势。

表 4-10　2017 年区域创新中心国际人才吸引力指数排行榜

区域创新中心	吸引力指数	排名	区域创新中心	吸引力指数	排名
美国纽约	0.638	1	中国台湾（新竹）	0.369	18
日本东京	0.583	2	美国华盛顿	0.367	19
瑞士	0.582	3	澳大利亚悉尼	0.359	20
新加坡	0.535	4	美国波士顿	0.357	21
瑞典斯德哥尔摩	0.471	5	德国法兰克福	0.355	22
奥地利维也纳	0.416	6	德国汉堡	0.354	23
韩国首尔	0.410	7	中国香港	0.353	24
丹麦哥本哈根	0.406	8	比利时布鲁塞尔	0.347	25
中国北京（中关村）	0.403	9	德国柏林	0.345	26
日本京都	0.400	10	以色列特拉维夫	0.345	26
挪威奥斯陆	0.392	11	芬兰赫尔辛基	0.343	28
英国伦敦	0.386	12	美国费城	0.339	29
加拿大多伦多	0.382	13	以色列海法	0.338	30
美国洛杉矶	0.380	14	美国西雅图	0.337	31
中国上海（张江）	0.379	15	美国旧金山—圣何塞	0.336	32
日本大阪	0.378	16	美国芝加哥	0.335	33
荷兰阿姆斯特丹	0.375	17	美国罗利—达勒姆	0.332	34

续 表

区域创新中心	吸引力指数	排名	区域创新中心	吸引力指数	排名
新西兰奥克兰	0.323	35	菲律宾马尼拉	0.214	55
德国慕尼黑	0.321	36	肯尼亚内罗毕	0.213	56
法国巴黎	0.308	37	泰国曼谷	0.210	57
中国深圳特区	0.308	37	巴西里约热内卢	0.203	58
俄罗斯莫斯科	0.302	39	印度孟买	0.181	59
澳大利亚墨尔本	0.301	40	尼日利亚拉各斯	0.161	60
中国武汉（东湖）	0.298	41	印度班加罗尔	0.161	60
中国杭州	0.290	42	伊朗德黑兰	0.161	60
日本筑波	0.287	43	埃及开罗	0.155	63
加拿大温哥华	0.278	44	越南胡志明市	0.152	64
马来西亚吉隆坡	0.277	45	印度尼西亚雅加达	0.150	65
加拿大蒙特利尔	0.270	46	俄罗斯圣彼得堡	0.148	66
德国莱比锡	0.262	47	土耳其安卡拉	0.144	67
德国斯图加特	0.261	48	南非约翰内斯堡	0.142	68
韩国大德	0.261	48	巴西圣保罗	0.134	69
土耳其伊斯坦布尔	0.234	50	印度加尔各答	0.100	70
英国曼彻斯特	0.231	51	印度新德里	0.099	71
阿联酋迪拜	0.229	52	印度海得拉巴	0.087	72
墨西哥墨西哥城	0.222	53	印度金奈	0.075	73
法国里昂	0.220	54			

由表 4-10 可见,各个区域创新中心对国际人才的吸引力存有很大差距。运用自然断裂点方法进行分层后发现,区域创新中心国际人才吸引力指数的自然断裂点分别为 0.6、0.4、0.3、0.2,可以据此分为 5 个层次:

第一层次:国际人才吸引力非常高(吸引力指数≥0.6)

这一层次只包括美国纽约一个城市。纽约的国际人才吸引力指数为 0.638,位列 73 个区域创新中心之首,对国际人才的吸引力非常高。纽约在经济发展、科技创新和人才培养等维度都非常突出,展现了非常高的国际人才吸引能力。

第二层次:国际人才吸引力较高(0.6＞吸引力指数≥0.4)

这一层次包括日本东京、瑞士、新加坡、瑞典斯德哥尔摩、奥地利维也纳、韩国首尔、丹麦哥本哈根、中国北京(中关村)、日本京都 9 个区域创新中心,国际人才吸引力指数介于 0.4—0.6,分别为 0.583、0.582、0.535、0.471、0.416、0.410、0.406、0.403、0.400,位列 73 个区域创新中心的第 2—10 名,表现出较高的国际人才吸引能力。9 个区域创新中心在社会治理、生活环境和精神文化生活等维度表现较好。

第三层次:国际人才吸引力中等(0.4＞吸引力指数≥0.3)

这一层次包括挪威奥斯陆、英国伦敦、加拿大多伦多、美国洛杉矶、中国上海(张江)、日本大阪、荷兰阿姆斯特丹、中国台湾(新竹)、美国华盛顿、澳大利亚悉尼、美国波士顿、德国法兰克福、德国汉堡、中国香港、比利时布鲁塞尔、德国柏林、以色列特拉维夫、芬兰赫尔辛基、美国费城、以色列海法、美国西雅图、美国旧金山—圣何塞、美国芝加哥、美国罗利—达勒姆、新西兰奥克兰、德国慕尼黑、法国巴黎、中国深圳特区、俄罗斯莫斯科、澳大利亚墨尔本30个区域创新中心，国际人才吸引力指数介于0.3—0.4，分别为0.392、0.386、0.382、0.380、0.379、0.378、0.375、0.369、0.367、0.359、0.357、0.355、0.354、0.353、0.347、0.345、0.345、0.343、0.339、0.338、0.337、0.336、0.335、0.332、0.323、0.321、0.308、0.308、0.302、0.301，位列73个区域创新中心的第11—40名，国际人才吸引力处于中等水平。

图4-1 上海：努力打造人才高峰，建设全球科创中心

第四层次：国际人才吸引力略低(0.3＞吸引力指数≥0.2)

这一层次包括中国武汉(东湖)、中国杭州、日本筑波、加拿大温哥华、马来西亚吉隆坡、加拿大蒙特利尔、德国莱比锡、德国斯图加特、韩国大德、土耳其伊斯坦布尔、英国曼彻斯特、阿联酋迪拜、

墨西哥墨西哥城、法国里昂、菲律宾马尼拉、肯尼亚内罗毕、泰国曼谷、巴西里约热内卢18个区域创新中心,国际人才吸引力指数介于0.2—0.3,分别为0.298、0.290、0.287、0.278、0.277、0.270、0.262、0.261、0.261、0.234、0.231、0.229、0.222、0.220、0.214、0.213、0.210、0.203,位列73个区域创新中心的第41—58名,国际人才吸引力略低。

第五层次：国际人才吸引力比较低（吸引力指数＜0.2）

这一层次包括印度孟买、尼日利亚拉各斯、印度班加罗尔、伊朗德黑兰、埃及开罗、越南胡志明市、印度尼西亚雅加达、俄罗斯圣彼得堡、土耳其安卡拉、南非约翰内斯堡、巴西圣保罗、印度加尔各答、印度新德里、印度海得拉巴、印度金奈15个城市,国际人才吸引力指数均小于0.2,分别为0.181、0.161、0.161、0.161、0.155、0.152、0.150、0.148、0.144、0.142、0.134、0.100、0.099、0.087、0.075,位列73个区域创新中心的第59—73名,国际人才吸引力处于比较低的水平。这一层次以发展中国家城市为主,且在科技创新、人才发展环境、生活环境等维度表现不理想。

2. 分指标解读

从城市治理指标来看,排名前10名的城市分别为瑞士、荷兰阿姆斯特丹、日本东京、日本京都、丹麦哥本哈根、英国伦敦、瑞典斯德哥尔摩、美国纽约、日本筑波、法国巴黎,这些城市排名靠前主要因为社会保险覆盖率较高、城市建设的智慧化水平较高,且居民财富分配相对较均匀,没有出现较大的分异;排名后10名的城市分别为印度新德里、印度海得拉巴、菲律宾马尼拉、巴西圣保罗、印度尼西亚雅加达、越南胡志明市、印度孟买、印度金奈、埃及开罗、巴西里约热内卢，这些城市治理能力明显不强，对国际人才的吸引能力较差（表4-11）。

表4-11 2017年区域创新中心城市治理指标数值排行榜

国　家	城市治理	排名	国　家	城市治理	排名
瑞士	0.0809	1	印度新德里	0.0090	64
荷兰阿姆斯特丹	0.0718	2	印度海得拉巴	0.0090	64
日本东京	0.0686	3	菲律宾马尼拉	0.0088	66
日本京都	0.0631	4	巴西圣保罗	0.0083	67
丹麦哥本哈根	0.0625	5	印度尼西亚雅加达	0.0074	68
英国伦敦	0.0624	6	越南胡志明市	0.0072	69
瑞典斯德哥尔摩	0.0619	7	印度孟买	0.0069	70
美国纽约	0.0611	8	印度金奈	0.0057	71
日本筑波	0.0609	9	埃及开罗	0.0048	72
法国巴黎	0.0599	10	巴西里约热内卢	0.0041	73

从经济发展指标来看，排名前10名的城市分别为新加坡、日本东京、美国纽约、瑞士、英国伦敦、日本大阪、德国慕尼黑、美国洛杉矶、墨西哥墨西哥城、美国华盛顿，这些城市排名靠前主要因为人均GDP、进出口贸易规模和制造业的发展能力均高于其他城市，对国际人才具有较高的吸引力；排名后10名的城市分别为印度班加罗尔、印度海得拉巴、越南胡志明市、印度尼西亚雅加达、伊朗德黑兰、南非约翰内斯堡、印度金奈、尼日利亚拉各斯、阿联酋迪拜、

肯尼亚内罗毕,这些城市经济发展条件不好,特别是支撑经济发展的制造业发展受限,对国际人才的吸引力不强(表4-12)。

表4-12 2017年区域创新中心经济发展指标数值排行榜

国　家	经济发展	排名	国　家	经济发展	排名
新加坡	0.109 8	1	印度班加罗尔	0.008 3	64
日本东京	0.107 2	2	印度海得拉巴	0.007 5	65
美国纽约	0.095 3	3	越南胡志明市	0.006 6	66
瑞士	0.069 9	4	印度尼西亚雅加达	0.006 3	67
英国伦敦	0.054 5	5	伊朗德黑兰	0.006 3	67
日本大阪	0.047 6	6	南非约翰内斯堡	0.006 2	69
德国慕尼黑	0.047 4	7	印度金奈	0.006 0	70
美国洛杉矶	0.045 4	8	尼日利亚拉各斯	0.005 7	71
墨西哥墨西哥城	0.042 9	9	阿联酋迪拜	0.004 5	72
美国华盛顿	0.042 5	10	肯尼亚内罗毕	0.002 4	73

从区域定位指标来看,排名前10名的城市分别为瑞士、新加坡、瑞典斯德哥尔摩、日本东京、马来西亚吉隆坡、菲律宾马尼拉、挪威奥斯陆、俄罗斯莫斯科、澳大利亚悉尼、丹麦哥本哈根,这些城市排名靠前主要因为产值占全国比重相对较高,且是国家级战略创新中心,对国际人才具有较强的吸引力;排名后10名的城市分别为美国华盛顿、德国斯图加特、韩国大德、美国费城、美国芝加哥、美国波士顿、美国旧金山—圣何塞、美国罗利—达勒姆、法国里昂、美国西雅图,这些城市虽然都位于发达国家,相对于其他城市,这些城市在国内的经济地位并不

突出,且没有被列为国家级战略创新中心,对国际人才吸引受限(表4-13)。

表4-13 2017年区域创新中心区域定位指标数值排行榜

国家	区域定位	排名	国家	区域定位	排名
瑞士	0.1870	1	美国华盛顿	0.0015	64
新加坡	0.1870	1	德国斯图加特	0.0014	65
瑞典斯德哥尔摩	0.1416	3	韩国大德	0.0014	65
日本东京	0.1347	4	美国费城	0.0013	67
马来西亚吉隆坡	0.1140	5	美国芝加哥	0.0012	68
菲律宾马尼拉	0.1081	6	美国波士顿	0.0011	69
挪威奥斯陆	0.1014	7	美国旧金山—圣何塞	0.0011	69
俄罗斯莫斯科	0.0977	8	美国罗利—达勒姆	0.0010	71
澳大利亚悉尼	0.0977	8	法国里昂	0.0009	72
丹麦哥本哈根	0.0974	10	美国西雅图	0.0004	73

从科技创新指标来看,排名前10名的城市分别为日本东京、奥地利维也纳、美国纽约、日本大阪、韩国首尔、韩国大德、日本京都、美国洛杉矶、瑞士、日本筑波,这些城市排名靠前主要因为创新投入综合水平和创新产出的综合水平显著高于其他城市,对创新人才投入的增加有助于人才的快速成长,因此吸引国际人才在此集聚;排名后10名的城市分别为印度海得拉巴、印度班加罗尔、泰国曼谷、菲律宾马尼拉、伊朗德黑兰、印度金奈、越南胡志明市、埃及开罗、印度尼西亚雅加达、尼日利亚拉各斯,这些城市研发支出

占GDP比重普遍不高,且对创新人才重视程度不够,导致对国际人才的吸引力不强(表4-14)。

表4-14 2017年区域创新中心科技创新指标数值排行榜

国　　家	科技创新	排名	国　　家	科技创新	排名
日本东京	0.231 9	1	印度海得拉巴	0.015 2	64
奥地利维也纳	0.206 4	2	印度班加罗尔	0.014 8	65
美国纽约	0.174 1	3	泰国曼谷	0.014 3	66
日本大阪	0.159 9	4	菲律宾马尼拉	0.012 9	67
韩国首尔	0.157 1	5	伊朗德黑兰	0.012 2	68
韩国大德	0.135 6	6	印度金奈	0.010 7	69
日本京都	0.127 5	7	越南胡志明市	0.009 2	70
美国洛杉矶	0.119 0	8	埃及开罗	0.007 3	71
瑞士	0.117 2	9	印度尼西亚雅加达	0.006 3	72
日本筑波	0.108 8	10	尼日利亚拉各斯	0.001 6	73

从人才状况指标来看,排名前10名的城市分别为美国芝加哥、美国波士顿、美国西雅图、美国纽约、美国华盛顿、美国费城、美国洛杉矶、中国北京(中关村)、美国罗利—达勒姆、中国上海(张江),这些城市排名靠前主要因为具有高等教育水平的劳动力占市民总数的比重、成年识字率、教育支出占GDP比重以及高等教育发展水平普遍较高,对人才后续发展具有较大的助推作用,受到国际人才的青睐;排名后10名的城市分别为菲律宾马尼拉、新加坡、阿联酋迪拜、越南胡志明市、奥地利维也纳、土耳其伊斯坦布尔、土耳其安卡拉、南非约翰内斯堡、尼日利亚拉各斯、埃及开罗,这些城

市在人才培养方面的工作还不够,还需进一步完善高等教育制度,确保人才成长的环境良好,吸引更多的国际人才(表4-15)。

表4-15 2017年区域创新中心人才状况指标数值排行榜

国　家	人才状况	排名	国　家	人才状况	排名
美国芝加哥	0.090 7	1	菲律宾马尼拉	0.026 2	64
美国波士顿	0.090 0	2	新加坡	0.024 0	65
美国西雅图	0.085 2	3	阿联酋迪拜	0.021 6	66
美国纽约	0.085 0	4	越南胡志明市	0.021 2	67
美国华盛顿	0.082 0	5	奥地利维也纳	0.020 3	68
美国费城	0.081 4	6	土耳其伊斯坦布尔	0.019 6	69
美国洛杉矶	0.076 2	7	土耳其安卡拉	0.019 2	70
中国北京(中关村)	0.068 1	8	南非约翰内斯堡	0.019 2	70
美国罗利—达勒姆	0.066 4	9	尼日利亚拉各斯	0.015 7	72
中国上海(张江)	0.066 3	10	埃及开罗	0.009 6	73

从生活环境指标来看,排名前10名的城市分别为以色列特拉维夫、以色列海法、瑞士、新西兰奥克兰、挪威奥斯陆、瑞典斯德哥尔摩、新加坡、荷兰阿姆斯特丹、芬兰赫尔辛基、德国慕尼黑,这些城市排名靠前主要因为预期寿命、人均卫生技术服务人员数量、恩格尔系数排名、居民幸福感比其他城市更有优势,对国际人才的吸引力更强;排名后10名的城市分别为印度孟买、越南胡志明市、印度加尔各答、韩国大德、印度班加罗尔、印度海得拉巴、印度新德里、印度金奈、伊朗德黑兰、南非约翰内斯堡,这些城市预期寿命、人均卫生技术服务人员数量、恩格

尔系数排名、居民幸福感等方面还有待于进一步提升（表4-16）。

表4-16 2017年区域创新中心生活环境指标数值排行榜

国　家	生活环境	排名	国　家	生活环境	排名
以色列特拉维夫	0.071 0	1	印度孟买	0.022 2	64
以色列海法	0.065 8	2	越南胡志明市	0.021 8	65
瑞士	0.029 2	3	印度加尔各答	0.021 7	66
新西兰奥克兰	0.017 1	4	韩国大德	0.020 6	67
挪威奥斯陆	0.016 5	5	印度班加罗尔	0.020 0	68
瑞典斯德哥尔摩	0.015 4	6	印度海得拉巴	0.018 9	69
新加坡	0.014 2	7	印度新德里	0.018 9	69
荷兰阿姆斯特丹	0.014 1	8	印度金奈	0.017 9	71
芬兰赫尔辛基	0.014 0	9	伊朗德黑兰	0.015 3	72
德国慕尼黑	0.013 8	10	南非约翰内斯堡	0.015 1	73

3. 上海吸引国际人才的优势与劣势

综上所述，上海国际人才的吸引力排名处于中等水平，还有较大的提升空间，既有优势，也有劣势。

（1）上海对国际人才吸引力的主要优势在于经济发展、区域定位和人才发展三个方面

从经济发展方面来看，上海市2016年生产总值为27 466.15亿元，按可比价格计算，比2015年增长6.8%。从横向角度来看，与全国2016年6.7%相比，上海的经济增速高了0.1%；与上海自

身纵向对比来看,与2015年的6.9%相比,2016年的增速降了0.1%。总体而言,上海经济发展条件和趋势较好,是全国的经济中心,在经济发展方面对国际人才的吸引力较强。

从区域定位来看,早在20世纪90年代,上海市提出"到2020年基本建成国际金融、贸易、航运以及经济中心,成为一个现代化国际大都市"的城市发展目标。根据《上海市城市总体规划(2017—2035)》,在原有的四个中心的基础上,上海的城市定位增加了科技创新中心,由此形成"五个中心"的新定位。规划指出要加快推进"五个中心"建设,努力把上海建设成为卓越的全球城市和社会主义现代化国际大都市。随着"五个中心"建设步伐的加快,上海的区域定位日益清晰,这也为吸引更多的国际人才奠定了基础。

从人才发展状况来看,上海历来重视人才的发展,近年来在国际人才吸引方面出台了多项政策。如2016年,上海市委、市政府在《关于深化人才工作体制机制改革促进人才创新创业的实施意见》(人才"20条")基础上,发布《关于进一步深化人才发展体制机制改革加快推进具有全球影响力的科技创新中心建设的实施意见》,共30条,在涵盖去年人才"20条"的基础上,着重在人才发展体制机制方面进行了再完善、再突破、再创新,是人才"20条"的"优化版、加强版、升级版"。主要目标是到2020年,在人才发展体制机制的重要领域和关键环节上取得突破性进展,基本形成与国际经济、金融、贸易、航运中心和具有全球影响力的科技创新中心相适应的科学规范、开放包容、运行高效的人才发展治理体系,率先确立人才国际竞争比较优势，使上海成为国际一流创新创业人才的汇聚之地、培养之地、事业发展之地、价值实现之地。

（2）上海吸引国际人才的劣势主要在于城市治理、科技创新和生活环境还有待于进一步提升

以科技创新为例，以张江高科技园区为首的创新模式极大地促进了上海总体创新能力的提升，但还存在诸多问题。上海的"十三五"规划把创新摆在了城市发展全局的核心位置。为了推进以科技创新为核心的全面创新，打造上海张江综合性国家科学中心被再次提到了突出位置，提出以全球视野、国际标准来推进建设。放眼国际，美国的国家实验室有大的产学研平台，日本的筑波集中了国家50%—60%的科研经费、最好的科技人才及科研机构，张江科学城在这些方面还存有较大差距。另外，张江是我国第一批国家级高科技园区，成绩卓然但也颇受质疑——只顾着招商引资，缺乏人本因素，即社区感、舒适度、产城融合、城市文脉肌理等人本色彩的东西匮乏；白天拥堵，晚上空城。目前张江科学城正在打造产城融合的模式，不仅以科技创新为中心，还要解决人才居住、交通、子女入学等问题。

五、站在更高的历史起点上

毋庸置疑,如今全球已经进入了一个历史性的转折时期,并通过经济、政治、科技等诸多层面反映出来,这恰恰成为直接决定全球人才流向与流量的关键性因素。尽管很难完全清晰地勾勒出未来30年的世界格局,但通过人才资源的全球流动所引发的物质资本、创新资源、学术资源等的跨国流动,我们不仅可以切身体验高端产业重心挪移的历史进程,而且可以深切感受人类活动重心调整的历史脉搏。因此,通过国际人才吸引力的指数排名,可以进一步思考并回答如下三个问题:

(一)全球人才流向与流量变化的内在驱动究竟是什么

第一,2008年的全球金融危机只是更深层次、更广范围内的世界政治经济格局裂变的表象而已。这次危机虽起源于美国,但实质起燃于资本领域。从一定程度上来说,物质资本单独决定经济科技发展的时代开始远去。尽管我们还不能将人力资本送上至高无上的神坛,但不难听闻历史发展的依稀脉搏:经济社会的发展最终取决于人,人的发展不再是简简单单的个人的发展,而是开始真正成为经济社会发展的基础。"资本雇佣劳动"的格局必将改变,物质资本与人力资本的相互关系必将重塑,"得人才者得天下"的时代必将到来。

第二,经过电子时代、互联网时代的长期发展之后,科技不仅进入了风起云涌(而不再是蓄势待发)的质变阶段,而且开始以全新的面貌近距离地展现于消费者面前。尤其是以大数据、云计算、物联网和人工智能为代表的信息技术的快速发展,正在孕育的全新商业模式和服务模式,与以产品创新为主的传统创新模式形成了不可逆转的分野,进而宣告了以"逆向工程拆解"和"边干边学"为秘笈的追随式科技发展模式的终结。相应地,小型经济体开始掉队并逐渐偏离国际人才的集聚指向。比如,曾经的"四小龙"难以在未来的全球创新资源配置与人才资源争夺中再现辉煌。

第三,科技、经济、社会、人才四者之间的关系正在发生深刻变化,"人才生态"成为真正决定全球人才流动的最新秘笈,逞"匹夫之勇"在各国抢占人才资源的跨国公司已现疲态,作为区域创新中心的全球城市必将成为全球人才流量控制与流向调节的枢纽。换言之,推动全球化进程的主要载体悄然易位,基于稳定性(全球城市)、而非流动性(跨国公司)的组织模式吸引与集聚国际人才资源,成为未来人才竞争的不二选择。无疑,快速成长的国家和区域创新中心(而不再是简单的福利社会)可以适时营造全新的"人才生态",进而成为各类优秀人才资源的向往之地。

(二) 中国究竟是如何改变在国际人才市场上长期被动地位的

"盖有非常之功,必待非常之人"。如今,部分西方国家逐步收紧技术移民政策,甚至频现排外倾向与民粹主义浪潮;相反,中国在吸引和集聚国际人才方面的成效显著,并且进一步宣示了对外开放的政治姿态和政策走势。正如本次排名所示,具有中国特色的人才吸引力或者制度优势已经开始呈现,并具有一定的国际参照价值:

一是政治稳定。没有政治稳定就无法制定国家战略,更无法奢谈政策的稳定与延续,而人才的培养、吸引与使用恰恰是一个漫长并且必须持续的过程。中国长期致力于营造内部稳定、外部和平的发展环境,从而为人才战略的制定实施提供了最重要的保障,保证了各项改革议程的依次推进,也为各类人才的事业发展创造了最基本的条件,这恰恰是很多发展中国家所无法企及的,甚至是部分发达国家不太珍惜的;

二是具有先进的人才发展理念。与西方只关注"有限责任"的政党不同,中国共产党始终具有强烈的人才意识,将人才作为改变国家命运、实现民族复兴的基本要素,并在改革开放进程中形成了一整套的人才工作体制机制与方式方法,"人才是第一资源"的判断已经与中国的意识形态、社会文化、价值取向、政府机构设置等深深地融为一体,对人才的重视程度远远超出了经济科技同等发展阶段的发展中国家,更超越了发达国家的同等发展阶段。

三是具有良好的治安环境。中国特色的工业化、城市化、信息化进程是温和的、包容的、致力于互利共赢的,成功避免了西方早期的一些过于偏狭的发展理念,并且从未出现西方式的无政府状态,从而营造了较为良好的国内治安环境,极低的犯罪率、平稳的社会秩序、日渐增强的社会治理能力为"人才生态"的形成奠定了基础。

四是具有已开发的庞大市场。无限增长的消费能力是科技创新、人才集聚的最强大驱动。经过40年的改革开放,中国已经形成了全球最大的国内市场,不仅市场要素的培育已经完成,市场体系不断完善,而且正在转变为消费型市场,从而顺应了科技成果转化周期缩短、高科技产品直接面向市场的发展趋势。

五是具有世界一流的大型科技设施。与人才战略部署、"千人计划"等人才工程相对应的是,中国开始涌现一大批世界一流的大型科技设施与全球顶尖级的科研(研发)平台。全球最大的光子领域大科学设施群、全球最大的"天眼"(FAST)、全球最大的量子通信网络、全球第一个全超导"人造太阳"实验装置(EAST)等世界一流科学设施的涌现预示着世界一流科学家的大规模集聚,张江科学城、怀柔科学城等更是开始将科技园区转向科技城区,既为上海、北京等创新中心从人才高地向人才高峰升级提供了台阶，也为世界范围内的科技园区转型升级提供了示范。

六是切实推动科技创新。新一轮科技革命在全球范围内多点发力，中国起初并无优势。但与人才发展理念一样，创新亦成为中国全社会的共识，并已成为毋庸置疑的战略抉择，有些省市甚至直接将五年科技规划更名为"科技创新规划"（如上海），将科技管理委员会更名为"科技创新委员会"（如深圳），使科技创新成为政府部门直接努力推进的重大战略目标，形成了政府、企业、科研院所等分进合击的格局。如今，中国的物联网即将领跑世界，人工智能更将成为中国反超西方科技的第一个切口。归根到底，科技创新是包括执政党、民主党派、业界、学界和各级政府在内的社会各方力量达成广泛共识且坚定不移地共同行动。

（三）人才发展究竟路在何方

如前所述，全球范围内正在面临的挑战是：整个经济形态转换引发社会形态新一轮变迁，进而催生出全新的精神文化形态。从克什米尔到德涅特河，从撒马尔罕到拉普拉多，无论多么古老的文明或者多么悠闲的生活方式，无论多么发达的经济或者多么个性化的工作方式，都将共同面临全新经济形态的检验与磨砺。从未来学的角度来看，正如1 500年前那样，全球几乎站在了同一条起跑线上，关键就在于：

首先,谁最有担当?近代西方奉行"有限责任",这种企业化的做派在一定时期、一定范围内是有效的,但国家的发展、民族的复兴、区域的稳定、世界的和平均已超越了域内选民利益抉择的边界,更何况选民的利益抉择通常是立足当下而不会立足长远。既然政府管得越少越好,那么,人才就沦为与自然资源、物质资本同一层次的市场要素,而且这种市场要素是外生的、同质的、可替代的。因此,西方文明产生了"人力资源"(Human Resources)概念,却无法真正理解"人才"(Rencai)一词的内涵与外延,以及背后各种社会力量(包括政府)在人才培养、引进、使用、评价、激励等诸多环节理应担当的责任。

其次,谁最有定力?既然责任政府只承担"有限责任",这种"有限责任"就不仅表现为"公民的发展全靠自己",而且表现为几年一个周期,只要不引起公愤,便可以另起炉灶。人才的成长与职业发展既然不仅仅是个人层面的事情,也就无法承受几年一个周期的政治折腾。事实表明,即使西方最成熟的市场经济体(如美国),也无法有效规避这种政治周期的影响。出于一己之私而掀起民粹主义浪潮,最常见的伎俩就是煽动对外国移民的负面情绪,从而决定了任期制的"有限责任"政府无法构建并实施宏大的人才战略。

最后,谁最有远见?经济增长有周期,人才发展无止境。自冷战终结以来,国际人才市场日渐成熟,全球网络空间更使主权边界的藩篱大为松动,地理空间(Space of place)开始演变为流动空间(Space of flows),"人"与"才"的分离不可阻挡,并且克服了"空间的阻隔与时间的迟滞(马克思语)"。即使能够充分认识到人才的重要性与人才流动的重要影响,如何确保人才发展不受经济增长周期的过度制约?或者说,如何超越当下的利益诉求,着眼于未来几十年的国家整体利益与长远利益,系统构建人才发展战略与人才生态系统,这是检验人才战略研判与人才战略视野的试金石。

总之,在全球经济形态转换与产业链重构的历史关键时期,在新一轮科技革命通过颠覆性创新改变社会形态的重要转折关头,在全球人才流向与流量开始发生历史性变化的历史进程中,是谁,率先走出了第五象限,站在了更高的历史起点上?让我们拭目以待。

图书在版编目(CIP)数据

国际人才吸引力指数报告.2017/高子平主编.—
上海：上海社会科学院出版社，2018
 ISBN 978-7-5520-2405-0

Ⅰ.①国⋯　Ⅱ.①高⋯　Ⅲ.①人才引进－研究报告－
中国－2017　Ⅳ.①C964.2

中国版本图书馆 CIP 数据核字(2018)第 176787 号

国际人才吸引力指数报告(2017)

主　　编：高子平
责任编辑：熊　艳
封面设计：周清华
出版发行：上海社会科学院出版社
　　　　　　上海顺昌路 622 号　邮编 200025
　　　　　　电话总机 021－63315900　销售热线 021－53063735
　　　　　　http://www.sassp.org.cn　E-mail：sassp@sass.org.cn
排　　版：南京展望文化发展有限公司
印　　刷：常熟市大宏印刷有限公司
开　　本：710×1010 毫米　1/16 开
印　　张：5
插　　页：2
字　　数：48 千字
版　　次：2018 年 8 月第 1 版　2018 年 8 月第 1 次印刷

ISBN 978-7-5520-2405-0/C.172　　　　定价：40.00 元

版权所有　翻印必究